KB147726

기초부터 기본적인
관광일본어회화 학습의 지침서

실전 日本語会話

윤석희 저

(주)백산출판사

머리말

우리나라의 경제・사회・문화적 환경변화는 소비자들의 여가생활 향상 및 관련 업종 발전을 촉진시키고 있다 해도 과언이 아닐 것입니다. 또한 비즈니스나 여행을 목적으로 방문하는 일본인들의 비중은 다양한 업종 발전에 긍정적인 면을 보여주고 있습니다.

본서는 이와 같은 환경변화를 고려하여 일본어를 공부하는 분들에게 현실적・실제적인 회화를 중심으로 쉽게 적응할 수 있도록 기초부터 단계적으로 구성하여 최종적으로는 기본적인 일본어회화 학습의 길잡이가 될 수 있도록 한 것이 특징입니다.

아울러 일선에서 강의하시는 교수님들께서 교재로 사용하실 수 있는 계기가 되길 바라는 마음으로 한 학기를 기준으로 구성하였습니다.

전체적인 흐름은 방문객을 맞이하여 귀국할 때까지의 과정으로 그들의 성향에 맞춘 대화로 구성하였습니다. 이러한 내용으로 구성할 수 있었던 것은 필자의 길고 긴 현지 생활 경험이 있었기에 가능했다고 봅니다. 효과적인 의사소통은 유능한 언어실력뿐만 아니라 현지 문화에 대한 이해가 전제되었을 때만 가능한 것입니다.

그리고 일본어를 처음 접하는 분들을 고려하여 문자와 발음부터 무리 없는 학습이 가능하도록 단계적인 흐름을 중요시하였습니다. 문자와 발음에서는 발음의 모호한 부분에 다양한 표기 및 설명을 추가하였습니다.

특히 이 책은 그동안 일부에 국한되었던 한자를 전체적으로 확대하면서 오꾸리가나(おくりがな)를 표기하여 발음 학습의 편리성을 추구하였습니다.

또한 다양한 연습문제를 추가하여 이해의 폭을 넓혔습니다.

일본어는 한자(漢字), 히라가나(ひらがな), 가다가나(カタカナ)로 구성되고 일본어에서 한자는 제외할 수 없는 중요한 부분으로 기초적인 단계부터 집중적으로 학습한다면 만족스런 성과를 얻을 수 있을 것입니다.

일본 여행길이나 일본 방문객 안내에서 요구되는 기본적인 회화가 가능하게 될 것을 기대하며 성과를 이루는 학습의 장이 되기를 기원합니다.

마지막으로 본 교재가 출판되기까지 아낌없는 도움을 주신 백산출판사 임직원 여러분께 감사드리며 이 모든 영광을 주님께 돌립니다.

2018. 2.
저자 尹 錫 姬

차례

발음과 문자

1. 일본어 구성

- ひらがな(히라가나), カタカナ(가다가나), 한자로 구성된다.
  특히 カタカナ(가다가나)는 외래어, 의성어・의태어, 또는 강조성이 있는 단어에 주로 사용된다.
- 일본어는 50개의 단어로 이루어진다 하여 50음도라 하는데 현재 사용하는 글자는 46개로 볼 수 있다.
- 발음은 청음(清音), 탁음(濁音), 반탁음, 요음(拗音), 촉음, 발음, 장음(長音)으로 구분된다.

2. 청음(清音)

- 청음(清音)은 맑게 소리나는 것을 말한다.
- か・き・く・け・こ는 가・기・구・게・고와 카・키・쿠・케・코의 중간 발음, た・ち・つ・て・と에서 た・て・と는 다・데・도와 타・테・토의 중간발음, ち는 찌에 가깝게, つ는 쯔와 츠의 중간발음이 나도록 주의한다(발음상 주의 : 50음도 표의 か행, た행은 2가지 발음표기 참조).
- を는 조사에만 사용한다.

히라가나(ひらがな)・가다가나(カタカナ) 50음도

단 / 행	1단		2단		3단		4단		5단	
	あ(아)단		い(이)단		う(우)단		え(에)단		お(오)단	
あ(아)행	あ	ア	い	イ	う	ウ	え	エ	お	オ
	(아) a		(이) i		(우) u		(에) e		(오) o	
か(가)행	か	カ	き	キ	く	ク	け	ケ	こ	コ
	(가・카) ga/ka		(기・키) gi/ki		(구・쿠) gu/ku		(게・케) ge/ke		(고・코) go/ko	
さ(사)행	さ	サ	し	シ	す	ス	せ	セ	そ	ソ
	(사) sa		(시) shi		(스) su		(세) se		(소) so	
た(다)행	た	タ	ち	チ	つ	ツ	て	テ	と	ト
	(다・타) da/ta		(찌) zi/thi		(쯔・츠) zu/thu		(데・테) de/te		(도・토) do/to	
な(나)행	な	ナ	に	ニ	ぬ	ヌ	ね	ネ	の	ノ
	(나) na		(니) ni		(누) nu		(네) ne		(노) no	
は(하)행	は	ハ	ひ	ヒ	ふ	フ	へ	ヘ	ほ	ホ
	(하) ha		(히) hi		(후) hu		(헤) he		(호) ho	
ま(마)행	ま	マ	み	ミ	む	ム	め	メ	も	モ
	(마) ma		(미) mi		(무) mu		(메) me		(모) mo	
や(야)행	や	ヤ			ゆ	ユ			よ	ヨ
	(야) ya				(유) yu				(요) yo	
ら(라)행	ら	ラ	り	リ	る	ル	れ	レ	ろ	ロ
	(라) ra		(리) ri		(루)ru		(레) re		(로) ro	
わ(와)행	わ	ワ			を	ヲ			ん	ン
	(와) wa				(오) o				(응・음・은) n	

히라가나(ひらがな)와 단어

あ (아) a	い (이) i	う (우) u	え (에) e	お (오) o
あさ	いえ	うみ	えき	おとこ
아침 (아사)	집 (이에)	바다 (우미)	역 (에끼)	남자 (오도꼬)

か (가・카) ga/ka	き (기・키) gi/ki	く (구・쿠) gu/ku	け (게・케) ge/ke	こ (고・코) go/ko
かお	きせつ	くち	けしき	こころ
얼굴 (가오)	계절 (기세쯔)	입 (구찌)	경치 (게시끼)	마음 (고고로)

さ (사) sa	し (시) shi	す (스) su	せ (세) se	そ (소) so
さんぽ	しお	すし	せき	そら
산책 (산뽀)	소금 (시오)	초밥 (스시)	자리 (세끼)	하늘 (소라)

た (다・타) da/ta	ち (찌) zi/thi	つ (쯔・츠) zu/thu	て (데・테) de/te	と (도・토) do/to
たべる	ちかい	つり	てんき	とり
먹다 (다베루)	가깝다 (지까이)	낚시 (쯔리)	날씨 (텐끼)	새 (도리)

な (나) na	に (니) ni	ぬ (누) nu	ね (네) ne	の (노) no
なまえ	にく	ぬし	ねる	のり
이름 (나마에)	고기 (니꾸)	주인 (누시)	자다 (네루)	김 (노리)

は (하) ha	ひ (히) hi	ふ (후) hu	へ (헤) he	ほ (호) ho
はる	**ひと**	**ふゆ**	**へや**	**ほし**
봄 (하루)	사람 (히도)	겨울 (후유)	방 (헤야)	별 (호시)

ま (마) ma	み (미) mi	む (무) mu	め (메) me	も (모) mo
まど	**みそ**	**むり**	**め**	**もち**
창문 (마도)	된장 (미소)	무리 (무리)	눈 (메)	떡 (모찌)

や (야) ya		ゆ (유) yu		よ (요) yo
やま		**ゆき**		**よる**
산 (야마)		눈 (유끼)		저녁 (요루)

ら (라) ra	り (리) ri	る (루) ru	れ (레) re	ろ (로) ro
らく	**りゆう**	**るす**	**れきし**	**ろうか**
편하다 (라꾸)	이유 (리유-)	부재 (루스)	역사 (레끼시)	복도 (로우까)

わ (와) wa		を (오) o		ん (응·은·음) n
わたし		**これを**		**おんな**
나·저 (와다시)		이것을 (고레오)		여자 (온나)

가다가나(カタカナ)와 단어

ア (아) a	アイス	아 이 스 (아이스)
イ (이) i	イギリス	영 국 (이기리스)
ウ (우) u	ウィスキー	위 스 키 (위스키–)
エ (에) e	エレベーター	엘리베이터 (에레베–따–)
オ (오) o	オンドル	온 돌 (온도루)
カ (가・카) ga/ka	カクテル	칵 테 일 (카크테르)
キ (기・키) gi/ki	キー	열 쇠 , 키 (키–)
ク (구・쿠) gu/ku	クラス	클 래 스 (크라스)
ケ (게・케) ge/ke	ケーキ	케 이 크 (케–키)
コ (고・코) go/ko	コーヒー	커 피 (고–히–)
サ (사) sa	サービス	서 비 스 (사–비스)
シ (시) shi	シングル	싱 글 (싱그루)
ス (스) su	スキー	스 키 (스키–)
セ (세) se	セット	세 트 (셋또)
ソ (소) so	ソーセージ	소 시 지 (소–세–지)
タ (다・타) da/ta	タクシー	택 시 (타크시)
チ (찌) zi/thi	チケット	티 켓 (치켓또)
ツ (쯔・츠) zu/tsu	ツアー	투 어 (쯔아–)
テ (데・테) de/te	テーブル	테 이 블 (테–브루)
ト (도・토) do/to	トイレ	화 장 실 (토이레)

ナ (나) na	ナイフ	나 이 프 (나이후)
ニ (니) ni	ニュース	뉴 스 (뉴–스)
ネ (네) ne	ネクタイ	넥 타 이 (네끄따이)
ノ (노) no	ノック	노 크 (녹끄)
ハ (하) ha	ハウス	하 우 스 (하우스)
ヒ (히) hi	ビール	맥 주 (비–루)
フ (후) hu	フィルム	필 름 (휘루무)
ヘ (헤) he	ヘルス	헬 스 (헤르스)
ホ (호) ho	ホテル	호 텔 (호테루)
マ (마) ma	マッチ	성 냥 (맛찌)
ミ (미) mi	ミルク·ティ	밀 크 티 (미르꾸 띠–)
ム (무) mu	ムード	무 드 (무–도)
メ (메) me	メモ	메 모 (메모)
モ (모) mo	モーニング	모 닝 (모–닝그)
ヤ (야) ya	ヤサイ	야 채 (야사이)
ヨ (요) yo	ヨーグルト	요구르트 (요–구루또)
ラ (라) ra	ラウンジ	라 운 지 (라운지)
リ (리) ri	リムジン	리 무 진 (리무진)
ル (루) ru	ルーム	룸 (루–무)
レ (레) re	レストラン	레스토랑 (레스또랑)
ロ (로) ro	ロビー	로 비 (로비–)
ワ (와) wa	ワイン	와 인 (와인)

3. 탁음(濁音)

- 탁음은 투박하게 소리나는 것으로 오른쪽 위에 점이 두 개 붙는다.
- 탁음에는 か、さ、た、は행이 해당된다.
- じ・ぢ와 ず・づ는 거의 같은 발음이 된다.

히라가나(ひらがな)・가다가나(カタカナ)

が	ガ	ぎ	ギ	ぐ	グ	げ	ゲ	ご	ゴ
(가) ga		(기) gi		(그) gu		(게) ge		(고) go	
ざ	ザ	じ	ジ	ず	ズ	ぜ	ゼ	ぞ	ゾ
(자) ja		(지) zi		(즈) zu		(제) ze		(조) zo	
だ	ダ	ぢ	ヂ	づ	ヅ	で	デ	ど	ド
(다) da		(지) ji		(즈)ju		(데) de		(도) do	
ば	バ	び	ビ	ぶ	ブ	べ	ベ	ぼ	ボ
(바) ba		(비) bi		(부) bu		(베) be		(보) bo	

がっこう	학교(각꼬–)	ぎんこう	은행(긴꼬–)	ぐんたい	군대(군따이)
げた	나막신(게따)	ごご	오후(고고)	ざっし	잡지(잣시)
じかん	시간(지깡)	ぜひ	반드시(제히)	ぞう	코끼리(조–)
だれ	누구(다레)	つづく	계속하다(쯔즈꾸)	でまえ	배달(데마에)
バス	버스(바스)	ビル	빌딩(비루)	ぶじ	무사함(부지)
かべ	벽(가베)	ぼうし	모자(보–시)		

ガム	껌(가무)	ゲーム	게임(게–무)	ゴルフ	골프(고루후)
ジンーズ	청바지(진–즈)	ズボン	바지(즈봉)	デザート	디저트(데자–또)
ベルト	벨트(베르또)				

4. 반탁음(半濁音)

• 반탁음은 반만 탁한 음이 난다 하여 붙여진 것으로 は행만이 해당되고 오른쪽 위에 동그란 점이 한 개 붙는다.

히라가나(ひらがな)・가다가나(カタカナ)

ぱ	パ	ぴ	ピ	ぷ	プ	ぺ	ペ	ぽ	ポ
(빠) pa		(삐) pi		(쁘) pu		(뻬) pe		(뽀) po	

いっぱい	가득 (잇빠이)	パン	빵 (팡)	えんぴつ	연필 (엔삐츠)	ぺん	펜 (뻰)
にじゅっぷん	20분 (니쥿뿐)	プリン	푸딩 (뿌링)	さんぽ	산책 (산뽀)		

5. 요음(拗音)

• 요음은 반모음 や, ゆ, よ를 작게 써서 앞에 오는 글자와 합쳐 하나의 글자로 간주한다(일본어의 모음 : 5개(あ, い, う, え, お), 반모음 : 3개(や, ゆ, よ)).

청음의 요음 - 히라가나(ひらがな)와 가다가나(カタカナ)

きゃ	キャ	きゅ	キュ	きょ	キョ
(갸) gya		(규) gyu		(교) gyo	
しゃ	シャ	しゅ	シュ	しょ	ショ
(샤) sya		(슈) syu		(쇼) syo	
ちゃ	チャ	ちゅ	チュ	ちょ	チョ
(쟈) zya		(쮸) zyu		(죠) zyo	
にゃ	ニャ	にゅ	ニュ	にょ	ニョ
(냐) nya		(뉴) nyu		(뇨) nyo	
ひゃ	ヒャ	ひゅ	ヒュ	ひょ	ヒョ
(햐) hya		(휴) hyu		(효) hyo	
みゃ	ミャ	みゅ	ミュ	みょ	ミョ
(먀) mya		(뮤) myu		(묘) myo	
りゃ	リャ	りゅ	リュ	りょ	リョ
(랴) rya		(류) ryu		(료) ryo	

- 청음의 요음은 い단의 き, し, ち, に, ひ, み, り 행과 や행(や, ゆ, よ)으로 구성된다.

탁음의 요음 – 히라가나(ひらがな)와 가다가나(カタカナ)

ぎゃ	ギャ	ぎゅ	ギュ	ぎょ	ギョ
(갸) gya		(규) gyu		(교) gyo	
じゃ	ジャ	じゅ	ジュ	じょ	ジョ
(쟈) zya		(쥬) zyu		(죠) zyo	
びゃ	ビャ	びゅ	ビュ	びょ	ビョ
(뱌) bya		(뷰) byu		(뵤) byo	

• 탁음의 요음은 い단의 き, し, ひ행과 や행(や, ゆ, よ)만으로 구성된다.

반탁음의 요음 – 히라가나(ひらがな)와 가다가나(カタカナ)

ぴゃ	ピャ	ぴゅ	ピュ	ぴょ	ピョ
(빠) pya		(쀼) pyu		(뾰) pyo	

• 반탁음의 요음은 い단의 ひ행과 や행(や, ゆ, よ)만으로 구성된다.

6. 촉음(っ)과 발음(ん)

우리나라 글자의 받침에 해당된다.

• 촉음(促音)은 작은 っ가 글자 뒤에 붙어서 하나의 음절을 이룬다.

(예) ㄱ받침 : がっこう(각꼬 : 학교)

ㅅ받침 : ざっし(잣시 : 잡지)

ㅂ받침 : きっぷ(깁뿌 : 표)

- 발음 ~ん은 단독으로는 발음이 이루어질 수 없고 음절의 끝에 붙어서 이루어진다.

(예) ㄴ받침 : せんたく(센탁끄 : 세탁)

ㅇ받침 : かんこう(강꼬 : 관광)

ㅁ받침 : かんぱい(감빠이 : 건배)

7. 장음(長音)

- 장음은 길게 소리를 내는 경우를 말한다. 다음 단어의 밑줄 친 글자를 길게 한다.

(예) おかあさん(오까-상 : 어머니)

おじいさん(오지-상 : 할아버지)

くうき(구-끼 : 공기) おねえさん(오네-상 : 누나/언니)

とおい(도-이 : 멀다)

- 장음으로 뜻이 달라지기도 한다.

(예) どろ(도로 : 진흙) どうろ(도-로 : 도로)

ビル(비루 : 빌딩) ビール(비-루 : 맥주)

8. 한자(漢字)

- 한자는 음독(音讀 おんよみ)과 훈독(訓讀 くんよみ)으로 구분한다.

훈독은 뜻으로 읽는 것이다.

예를 들어, 관광(觀光)을 '돌보다 · 보다/빛나다'(또는 돌볼 · 볼/빛날)라고 읽지 않는다. 일본어로 표현하면 みる/ひかり가 되고 みる/ひかり로는 읽지 않는다.

음독은 음으로 읽는 것을 말하는데 관광(觀光)을 かんこう(観光 관광)로 읽게 된다.

みる　　ひかり ⇦　훈독(訓讀 ぐんよみ) ⇨ みる(돌보다 · 보다)/ひかる(빛나다)

観　　光

かん　　こう ⇦　음독(音讀 おんよみ) ⇨ かんこう(관광)

- 일반적으로 한자가 2개 이상 연속될 경우 음독(おんよみ)으로 읽는다. 그러나 한자 한 개만 단독으로 읽을 경우에는 다음과 같이 훈독(ぐんよみ), 즉 뜻으로 읽게 된다.

ひか
光り (빛나다)

☞ 한자에 붙어 있는 り를 'おくりがな(送り仮名 오꾸리가나)'라 한다.

- おくりがな(送り仮名 오꾸리가나)를 사용하는 이유

한자와 같이 おくりがな(오꾸리가나)를 사용하면 같은 발음일지라도 뜻이 다른 글자의 의미를 확실히 알게 한다. 예를 들어, 아래 두 글자는 발음은 같으나 뜻이 다르다.

い　　　　　　　い
居る(있다)　　**要る**(필요하다)

生活基本(せいかつきほん)あいさつ
생활기본인사

おはようございます。	안녕하셨습니까?(아침 인사)
こんにちは。	안녕하셨습니까?(점심 인사)
こんばんは。	안녕하셨습니까?(저녁 인사)
お元気(げんき)でしたか。	안녕하셨습니까?
お久(ひさ)しぶりです。	오래간만입니다.
お休(やす)みなさい。	안녕히 주무세요.
さようなら。	안녕히 가십시오.
すみません。	죄송합니다.
大丈夫(だいじょうぶ)です。	괜찮습니다.
ありがとうございます。	감사합니다.
どういたしまして。	천만에요.
(どうぞ)よろしくお願(ねが)いします。	(부디)잘 부탁합니다.
(お先(さき)に)失礼(しつれい)します。	(먼저)실례합니다.
お疲(つか)れさまでした。	수고하셨습니다.
いただきます。	잘 먹겠습니다.
ごちそうさまでした。	잘 먹었습니다.

だいいっか
第1課

はじめまして。

처음 뵙겠습니다.

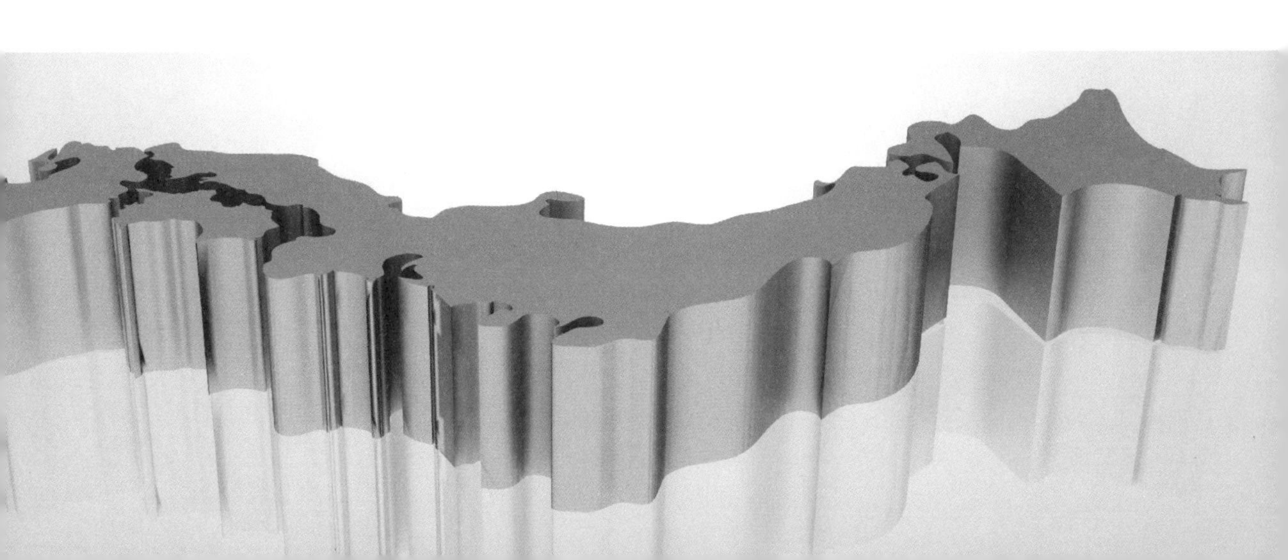

第1課

はじめまして。

聖(ソン)ゆり：こんにちは。

小林(こばやし)さんですか。

小(こ)　林(ばやし)：はい、そうです。

聖(ソン)ゆり：はじめまして。

わたしは ガイドの 聖(ソン)ゆりです。

どうぞ よろしく おねがいします。

小(こ)　林(ばやし)：はじめまして、小林(こばやし)です。

どうぞ よろしく。

石(いし)　井(い)：石井(いしい)です。どうぞ よろしく。

聖(ソン)ゆり：こちらこそ よろしく お願(ねが)いします。

제1과

처음 뵙겠습니다.

성 유 리 : 안녕하세요.

고바야시씨입니까?

고바야시 : 예, 그렇습니다.

성 유 리 : 처음 뵙겠습니다.

저는 가이드인 성유리입니다.

아무쪼록 잘 부탁합니다.

고바야시 : 처음 뵙겠습니다. 고바야시입니다.

잘 부탁합니다.

이 시 이 : 이시이입니다. 잘 부탁합니다.

성 유 리 : 저야말로 잘 부탁합니다.

메모

새단어 あたらしいことば

私(わたし)〔저/나〕

貴方(あなた)〔당신〕

~は〔~는/~은〕

~さん〔~씨〕

~の〔~의〕

ガイド〔가이드〕

いいえ〔아니오〕

日本人(にほんじん)〔일본인〕

韓国人(かんこくじん)〔한국인〕

そうです〔그렇습니다〕

大学生(だいがくせい)〔대학생〕

大学(だいがく)〔대학〕

社長(しゃちょう)〔사장〕

先生(せんせい)〔선생님〕

会社(かいしゃ)〔회사〕

売店(ばいてん)〔매점〕

会社員(かいしゃいん)〔회사원〕

マネージャー〔매니저〕

学年(がくねん)〔학년〕

専攻(せんこう)〔전공〕

経営学(けいえいがく)〔경영학〕

職業(しょくぎょう)〔직업〕

誰(だれ)/どなた〔누구〕

この人(ひと)〔이 사람〕

この方(かた)〔이분〕

ラウンジ〔라운지〕

何(なん)ですか〔무엇입니까?〕

二十一才(にじゅういっさい)〔21세〕

はい〔예〕

~です(か)〔~입니다(까?)〕

こちらこそ〔이쪽이야말로(저야말로)〕

직업 및 직위(職業並職位)

大学生(だいがくせい)〔대학생〕
高校生(こうこうせい)〔고등학생〕
中学生(ちゅうがくせい)〔중학생〕
小学生(しょうがくせい)〔초등학생〕
教授(きょうじゅ)〔교수〕
教師(きょうし)〔교사〕
先生(せんせい)〔선생(님)〕
会社員(かいしゃいん)〔회사원〕
公務員(こうむいん)〔공무원〕
大使(たいし)〔대사〕
長官(ちょうかん)〔장관〕
判事(はんじ)〔판사〕
検事(けんじ)〔검사〕
弁護士(べんごし)〔변호사〕
医者(いしゃ)〔의사〕

牧師(ぼくし)〔목사〕
僧侶(そうりょ)〔승려〕
主婦(しゅふ)〔주부〕
理事長(りじちょう)〔이사장〕
総長(そうちょう)〔총장〕
学長(がくちょう)〔학장〕
校長(こうちょう)〔교장〕
会長(かいちょう)〔회장〕
社長(しゃちょう)〔사장〕
理事(りじ)〔이사〕
部長(ぶちょう)〔부장〕
室長(しつちょう)〔실장〕
編集長(へんしゅうちょう)〔편집장〕
チーム長(ちょう)〔팀장〕
課長(かちょう)〔과장〕

나이 말하기

何才(なんさい)・何歳ですか。 몇 세(살)입니까?

1세	いっさい	20세	にじゅっさい, はたち
2세	にさい	30세	さんじゅっさい
3세	さんさい	40세	よんじゅっさい
4세	よんさい	50세	ごじゅっさい
5세	ごさい	60세	ろくじゅっさい
6세	ろくさい, ろっさい	70세	ななじゅっさい
7세	ななさい	80세	はちじゅっさい
8세	はっさい	90세	きゅうじゅっさい
9세	きゅうさい	100세	ひゃくさい
10세	じゅっさい		

학년 말하기

何年生(なんねんせい)ですか。 몇 학년입니까?

1학년	(一年生(いちねんせい))	3학년	(三年生(さんねんせい))
2학년	(二年生(にねんせい))	4학년	(四年生(よねんせい))

문법 & 연습(ぶんぽう & れんしゅう)

잠깐! 문법학습

- ~さん은 이름 뒤에 붙는 ~씨에 해당된다.
- ~です(~입니다)는 정중형으로 긍정문이며 의문문은 여기에 ~か(~까?)를 붙인다.
- 부정일 경우 では ありません(~じゃありません)의 では 앞에는 주로 명사가 온다.
- 일본어에서는 긍정, 부정 모두 마침표(。)를 사용하며 쉼표는 (、)으로 표기된다.
- 과거표현은 ~でした(~이었습니다)로 정중형 긍정문이 된다.

  예 : ○○さんは かいしゃいんでした。○○씨는 회사원이었습니다.
- 부정일 경우는 ~では ありませんでした(~じゃ ありませんでした)

  예 : ○○さんは かいしゃいんでは ありませんでした。
  ○○씨는 회사원이 아니었습니다.

1. 다음 긍정문을 의문문으로 연습해 보자.

(1) あなたは 朴○○です。(당신은 박○○입니다.)

⇨ あなたは 朴○○ですか。(당신은 박○○입니까?)

(2) 石井(いしい)さんですか。(이시이씨입니까?)

⇨ はい、そうです。(예, 그렇습니다.)

⇨ いいえ、石井(いしい)ではありません。和田(わだ)です。

(아니요, 이시이가 아닙니다. 와다입니다.)

(3) 和田(わだ)さんは 公務員(こうむいん)でしたか。(와다씨는 공무원이었습니까?)

⇨ はい、そうでした。(예, 그랬습니다.)

⇨ いいえ、公務員(こうむいん)では ありませんでした。

(아니요, 공무원이 아니었습니다.)

⇨ 牧師(ぼくし)でした。(목사였습니다.)

2. 다음 문장을 보기와 같이 작성하시오.

보 기

もりさんですか。(모리씨입니까?)

⇨ はい、そうです。(예, 그렇습니다.)

⇨ いいえ、もりでは ありません(もりじゃありません)。いしいです。

(아니요, 모리가 아닙니다. 이시이입니다.)

(1) 李(イ)(이)さんですか。(金)(キㇺ)

⇨ はい、____________________

⇨ いいえ、____________________

(2) ゆりさんは 大学生(だいがくせい)ですか。(会社員(かいしゃいん))

⇨ はい、____________________

⇨ いいえ、____________________

(3) 金 先生(せんせい)は イギリス人(じん)ですか。(韓国人(かんこくじん))

⇨ はい、＿＿＿＿＿＿＿＿＿＿＿＿＿＿＿＿＿＿

⇨ いいえ、＿＿＿＿＿＿＿＿＿＿＿＿＿＿＿＿＿

(4) ここは ラウンジですか。(売店(ばいてん))

⇨ はい、＿＿＿＿＿＿＿＿＿＿＿＿＿＿＿＿＿＿

⇨ いいえ、＿＿＿＿＿＿＿＿＿＿＿＿＿＿＿＿＿

3. 다음 문장을 연습해 보자.

(1) 私(わたし)は 韓国(かんこく)の 大学生(だいがくせい)です。

(저는 한국 대학생입니다.)

(2) 私は 社長(しゃちょう)の もりやまです。

(저는 사장인 모리야마입니다.)

(3) 私は 大学の 教授(きょうじゅ)です。

(저는 대학 교수입니다.)

(4) 私は A大学の いちねんせい(1年生)です。

(저는 A대학교 1학년입니다.)

(5) 私の専攻は けいえいがく(経営学)です。

(저의 전공은 경영학입니다.)

4. 다음을 ~は ~の ~です를 활용하여 보기와 같이 작성해 보시오.

보 기

私は A会社の マネージャーです。(저는 A회사의 매니저입니다.)

(1) ______________________________

(2) ______________________________

(3) ______________________________

(4) ______________________________

(5) ______________________________

잠깐! 문법학습

- ~は ~の ~です는 ~는(은) ~의 ~입니다로 해석된다.
- 조사 ~は는 는/은으로 ~の는 ~의라는 뜻이다.
- 명사와 명사를 연결할 때 반드시 の가 사용된다.

5. 다음을 일본어로 쓰시오.

(1) 기무라(きむら)씨는 A회사 사장이 아닙니다.

⇨ ______________________________

(2) 다나까(たなか)씨는 일본 대학생입니다.

⇨ ______________________________

(3) 저는 21살입니다. ○○대학교 ○학년입니다.

⇨ ______________________________

(4) 하야시(はやし)씨 직업은 무엇입니까?

⇨ ______________________________

(5) 이 사람(이분)은 누구입니까?

⇨ ______________________________

6. 다음 ( ) 안의 한국어를 일본어로 쓰시오.

聖(ソン)ゆり：＿＿＿＿＿＿＿＿＿＿。(안녕하세요?/점심 인사)

小林(こばやし)さん ですか。

小(こ)林(ばやし)：はい、＿＿＿＿＿＿＿＿＿＿。(그렇습니다.)

聖(ソン)ゆり：＿＿＿＿＿＿＿＿＿＿。(처음 뵙겠습니다.)

わたしは ガイドの 聖(ソン)ゆりです。

どうぞ よろしく お願(ねが)いします。

小(こ)林(ばやし)：はじめまして、小林(こばやし)です。どうぞ よろしく。

石(いし)井(い)：石井(いしい)です。どうぞ よろしく。

聖(ソン)ゆり：＿＿＿＿＿＿＿＿＿＿。(저야말로 잘 부탁합니다.)

だいにか
第2課

あそこは なんですか。

저곳은 무엇입니까?

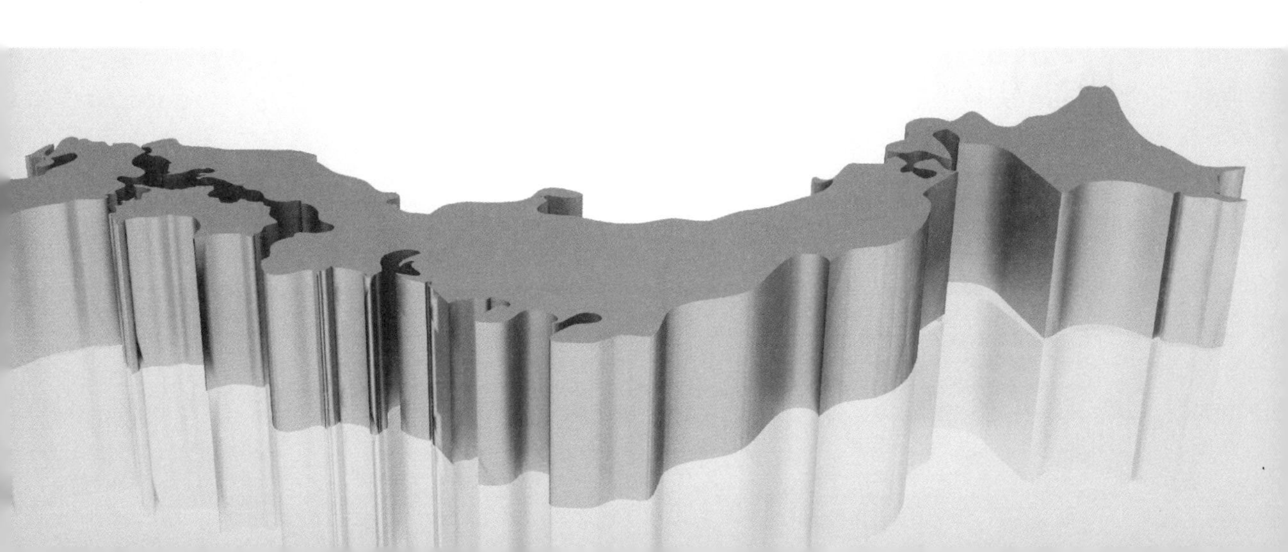

第2課

あそこは なんですか。

聖(ソン)ゆり：小林(こばやし)さん、韓国(かんこく)は 初(はじ)めてですか。

小林(こばやし)：はい。

聖(ソン)ゆり：石井(いしい)さんも 初(はじ)めてですか。

石井(いしい)：いいえ、私(わたし)は 2度目(にどめ)です。

あ、ゆりさん、あそこは 何(なん)ですか。

聖(ソン)ゆり：どこですか。

あ、あそこですか。63ビルです。

石井(いしい)：高(たか)いですね。

聖(ソン)ゆり：はい、韓国(かんこく)で 一番(いちばん) 高(たか)い 建物(たてもの)です。

제2과

저곳은 무엇입니까?

성 유 리 : 고바야시씨, 한국은 처음입니까?

고바야시 : 예.

성 유 리 : 이시이씨도 처음입니까?

이 시 이 : 아니요. 저는 2번째입니다.
아, 유리씨, 저곳은 무엇입니까?

성 유 리 : 어디입니까?
아, 저곳이요? 63빌딩입니다.

이 시 이 : 높군요.

성 유 리 : 예, 한국에서 가장 높은 건물입니다.

메모

새단어 あたらしいことば

はじめて〔처음〕　~も〔~도〕
いいえ〔아니요〕
2度目(にどめ)〔두 번째〕
あそこ〔저쪽〕
なん〔무엇〕
どこ〔어디〕
~です(ね)〔~이군(요)〕
高(たか)い〔높은〕
63ビル〔63빌딩〕
韓国(かんこく)〔한국〕
一番(いちばん)〔제일〕
建物(たてもの)〔건물〕
会社員(かいしゃいん)〔회사원〕
旅行社(りょこうしゃ)〔여행사〕
遠(とお)い〔먼〕
ソウル駅(えき)〔서울역〕
市場(いちば)〔시장〕
남산タワー〔남산타워〕
川(かわ)の前(まえ)〔강앞〕
全部(ぜんぶ)〔전부〕
山(やま)の上(うえ)〔산 위〕

車(くるま)〔자동차〕
銀行(ぎんこう)のとなり〔은행 옆〕
公務員(こうむいん)〔공무원〕
おいしい〔맛있다〕
いくら〔얼마〕
ぐらい〔정도〕
むこう〔건너편〕
駐車場(ちゅうしゃじょう)〔주차장〕
本館(ほんかん)〔본관〕
日本語(にほんご)〔일본어〕
本(ほん)〔책〕
空港(くうこう)〔공항〕
誰(だれ)〔누구〕
さんじゅっぷん(30分)〔30분〕
円(えん)〔엔〕
人(ひと)〔사람〕
かばん〔가방〕
家(うち/いえ)〔집〕
ナムデムン市場(いちば)〔남대문〕
公園(こうえん)〔공원〕

문법 & 연습(ぶんぽう & れんしゅう)

• 사물을 가리키는 지시어로 こ・そ・あ・ど가 있다. 우리말로 이・그・저・어느의 뜻이 된다.

こ 이	これ 이것	ここ 여기(이곳)	こちら	この~ 이~
そ 그	それ 그것	そこ 거기(그곳)	そちら	その~ 그~
あ 저	あれ 저것	あそこ 저기(저곳)	あちら	あの~ 저~
ど 어느	どれ 어느 것	どこ 어디(어느 곳)	どちら	どの~ 어느~

잠깐! 문법학습

~も ~ですか。(~도 입니까?)

■ 조사 も(도)는 일반적으로 앞에 질문 내용과 동일한 질문을 할 경우 사용된다. 답변이 긍정일 경우는 はい、~も ~です(예, ~도 ~입니다)로, 부정일 경우는 いいえ、~は ~です(아니요, ~는 ~입니다)로 조사 ~は가 된다.

1. 다음 문장을 연습해 보자.

(1) 金(キム)さんは 学生(がくせい)です。(김씨는 학생입니다.)

貴方(あなた)も 学生(がくせい)ですか。(당신도 학생입니까?)

はい、私(わたし)も 学生(がくせい)です。(예, 저도 학생입니다.)

いいえ、私(わたし)は 会社員(かいしゃいん)です。(아니요, 저는 회사원입니다.)

(2) 石井(いしい)さんは 旅行者(りょこうしゃ)の マネージャーです。

(이시이씨는 여행사 매니저입니다.)

貴方(あなた)も 旅行者(りょこうしゃ)の マネージャーですか。

(당신도 여행사 매니저입니까?)

はい、私(わたし)も 旅行者(りょこうしゃ)の マネージャーです。

(예, 저도 여행사 매니저입니다.)

いいえ、私(わたし)は 公務員(こうむいん)です。(아니요, 저는 공무원입니다.)

(3) 小林(こばやし)さんは 日本人(にほんじん)です。(고바야시씨는 일본인입니다.)

李(イ)さんも 日本人(にほんじん)ですか。(이씨도 일본인입니까?)

はい、李(イ)さんも 日本人(にほんじん) です。(예, 이씨도 일본인입니다.)

いいえ、李(イ)さんは 韓国人(かんこくじん)です。(아니요, 이씨는 한국인입니다.)

2. 아래 단어를 활용하여 보기와 같이 문장을 만들어보자.

보 기

あそこは 何(なん)ですか。(ナムデムン市場(いちば)) (저곳은 어디입니까?)

⇨ あそこは ナムデムン市場です。(저곳은 남대문입니다.)

(1) あそこは 何(なん)ですか。(ソウル駅(えき))

⇨ ______________________________

(2) ここは どこですか。(63ビル)

⇨ ______________________________

(3) そこは 何(なん)ですか。(公園(こうえん))

⇨ ______________________________

(4) あの建物(たてもの)は 何(なん)ですか。(レストラン)

⇨ ______________________________

(5) その人(ひと)は 誰(だれ)ですか。(やまもとさん)

⇨ ______________________________

3. 다음 문장을 보기와 같이 변형하시오.

보 기

市場(いちば)は どこですか。(あそこ) 시장은 어디입니까? (저곳)

⇨ 市場(いちば)は あそこです。(시장은 저곳입니다.)

(1) 63ビルは どこですか。(川(かわ)の前(まえ))

⇨ ______________________________

(2) 남산タワーは どこですか。(山(やま)の上(うえ))

⇨ ______________________________

(3) ○○デパートは どこですか。(銀行(ぎんこう)のとなり)

⇨ ______________________________

(4) ちゅうしゃじょう(駐車場)は どこですか。(本館(ほんかん)のとなり)

⇨ ______________________________

문법 & 연습(ぶんぽう & れんしゅう)

잠깐! 문법학습

かんこくで いちばん たかい たてものです。

(한국에서 가장 높은 건물입니다.)

- 조사 ~では ~에서, ~해서, ~로 해석한다.

4. 다음 문장을 연습해 보자.

(1) ここで 一番(いちばん) おいしいです。

(여기에서 가장 맛있습니다.)

(2) 全部(ぜんぶ)で 5万円(まんえん)です。

(전부해서 50,000엔입니다.)

(3) 車(くるま)で 30分 (さんじゅっぷん)ぐらいです。

(자동차로 30분 정도입니다.)

5. 다음 ( ) 안의 우리말을 일본어로 쓰시오.

聖(ソン)ゆり: 小林(こばやし)さん、________________ 初(はじ)めてですか。(한국은)

小　林(こばやし): はい。

聖(ソン)ゆり: ________________ 初(はじ)めてですか。(이시이씨도)

石　井(いしい): いいえ、________________ 2度目(にどめ)です。(저는)

あ、ゆりさん、________________ 何(なん)ですか。(저곳은)

聖(ソン)ゆり: どこですか。

あ、あそこですか。63ビルです。

石　井(いしい): ______________________________。(높군요)

聖(ソン)ゆり: はい、

韓国(かんこく)で 一番(いちばん) 高(たか)い 建物(たてもの)です。

6. **다음을 일본어로 쓰시오.**

(1) 인천공항은 저 건너편이 아닙니다.

⇨ ______________________________

(2) 그곳은 한국에서 가장 높은 건물이 아닙니다.

⇨ ______________________________

(3) 당신도 일본인입니까?

⇨ ______________________________

(4) 이것은 일본어 책입니까?

⇨ ______________________________

(5) ○○건물은 어느 것입니까?

⇨ ______________________________

(6) 이것은 저의 가방이 아니었습니다.

⇨ ______________________________

(7) ○씨 집은 멀었습니다.

⇨ ______________________________

だいさんか
第3課

1702号室です。

ごうしつ

1702호실입니다.

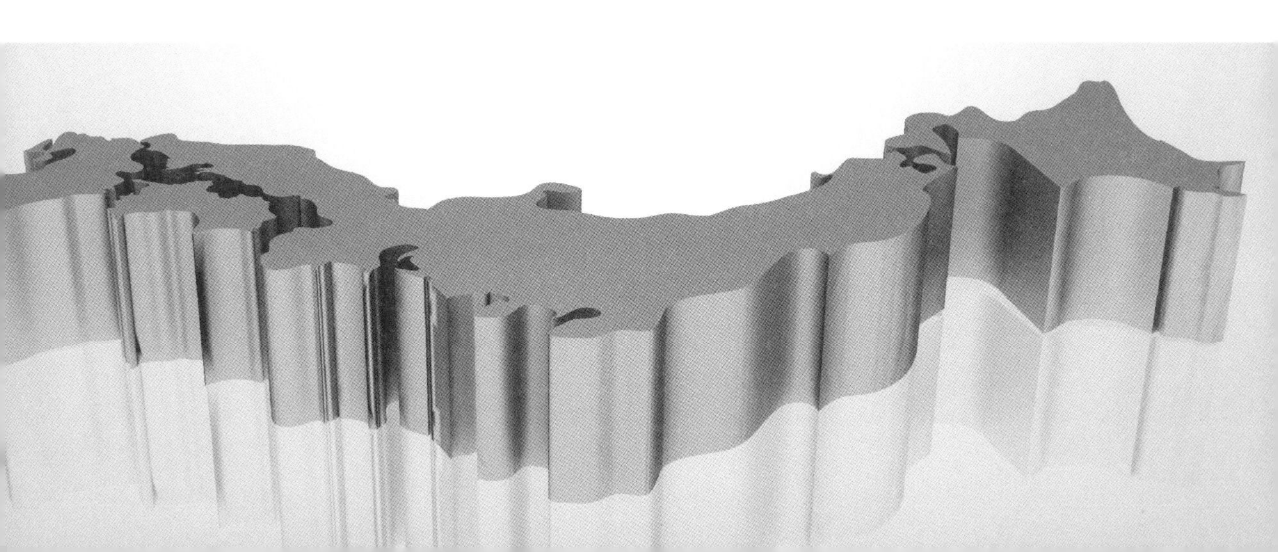

第3課

1702号室(ごうしつ)です。

フロント：いらっしゃいませ。

聖(ソン) ゆ り：チェックイン お願(ねが)いします。

フロント：お名前(なまえ)を お願(ねが)いします。

聖(ソン) ゆ り：はい、小林(こばやし)と 石井(いしい)。

フロント：今日(きょう)から 明後日(あさって)までですね。

聖(ソン) ゆ り：はい、そうです。

フロント：お部屋(へや)は 1702号室(ごうしつ)です。

これは 部屋(へや)のかぎです。

フロント：ごゆっくり どうぞ。

聖(ソン) ゆ り：どうも。

1702호실입니다.

프런트 : 어서 오십시오.

성유리 : 체크인 부탁합니다.

프런트 : 성함을 부탁합니다.

성유리 : 예, 고바야시와 이시이입니다.

프런트 : 오늘부터 모레까지군요.

성유리 : 예, 그렇습니다.

프런트 : 방은 1702호실입니다.
이것은 방 열쇠입니다.

프런트 : 편히 쉬십시오.

성유리 : 감사합니다.

메모

새단어 あたらしいことば

チェックイン〔체크 인〕

(お)名前(なまえ)〔성함〕

~を〔~을〕

~から〔~부터〕

~まで〔~까지〕

家(うち)〔집〕

今日(きょう)〔오늘〕

明日(あした)〔내일〕

明後日(あさって)〔모레〕

どうも〔감사합니다〕

大学(だいがく)〔대학〕

これ〔이것〕

(お)部屋(へや)〔방〕

1702号室(ごうしつ)〔1702호실〕

かぎ〔열쇠〕

ごゆっくりどうぞ〔편히 쉬십시오〕

空港(くうこう)〔공항〕

ホテル〔호텔〕

~と〔~와, ~과〕

ビル〔빌딩〕

ソウル〔서울〕

ブサン〔부산〕

図書館(としょかん)〔도서관〕

月曜日(げつようび)〔월요일〕

金曜日(きんようび)〔금요일〕

食事(しょくじ)〔식사〕

午前(ごぜん)〔오전〕

午後(ごご)〔오후〕

1時(いちじ)〔1시〕

10時(じゅうじ)〔10시〕

12時(じゅうにじ)〔12시〕

予約(よやく)〔예약〕

営業(えいぎょう)〔영업〕

授業(じゅぎょう)〔수업〕

何時(なんじ)〔몇 시〕

何号室(なんごうしつ)〔몇 호실〕

何月(なんがつ)ですか。몇 월입니까?

1월	一月	いちがつ	7월	七月	しちがつ
2월	二月	にがつ	8월	八月	はちがつ
3월	三月	さんがつ	9월	九月	くがつ
4월	四月	しがつ	10월	十月	じゅうがつ
5월	五月	ごがつ	11월	十一月	じゅういちがつ
6월	六月	ろくがつ	12월	十二月	じゅうにがつ

何日(なんにち)ですか。며칠입니까?

1일	一日	ついたち	16일	十六日	じゅうろくにち
2일	二日	ふつか	17일	十七日	じゅうしちにち
3일	三日	みっか	18일	十八日	じゅうはちにち
4일	四日	よっか	19일	十九日	じゅうくにち
5일	五日	いつか	20일	二十日	はつか
6일	六日	むいか	21일	二十一日	にじゅういちにち
7일	七日	なのか	22일	二十二日	にじゅうににち
8일	八日	ようか	23일	二十三日	にじゅうさんにち
9일	九日	ここのか	24일	二十四日	にじゅうよっか
10일	十日	とおか	25일	二十五日	にじゅうごにち
11일	十一日	じゅういちにち	26일	二十六日	にじゅうろくにち
12일	十二日	じゅうににち	27일	二十七日	にじゅうしちにち
13일	十三日	じゅうさんにち	28일	二十八日	にじゅうはちにち
14일	十四日	じゅうよっか	29일	二十九日	にじゅうくにち
15일	十五日	じゅうごにち	30일	三十日	さんじゅうにち
			31일	三十一日	さんじゅういちにち

何人(なんにん)ですか。몇 명입니까?

몇 명	何人(なんにん)
1 명	一人(ひとり)
2 명	二人(ふたり)
3 명	三人(さんにん)
4 명	四人(よにん)
5 명	五人(ごにん)
6 명	六人(ろくにん)
7 명	七人(なな/しちにん)
8 명	八人(はちにん)
9 명	九人(きゅうにん)
10 명	十人(じゅうにん)

何泊何日(なんぱくなんにち)ですか。몇 박 며칠입니까?

몇 박	何泊(なんぱく)
1박 2일	1泊(いっぱく) 2日(ふつか)
2박 3일	2泊(にはく) 3日(みっか)
3박 4일	3泊(さんぱく) 4日(よっか)
4박 5일	4泊(よんはく) 5日(いつか)
5박 6일	5泊(ごはく) 6日(むいか)
6박 7일	6泊(ろっぱく) 7日(なのか)
7박 8일	7泊(ななはく) 8日(ようか)
8박 9일	8泊(はっぱく) 9日(ここのか)
9박 10일	9泊(きゅうはく) 10日(とおか)

문법 & 연습(ぶんぽう & れんしゅう)

잠깐! 문법학습

今日(きょう)から 明後日(あさって)までですね。(오늘부터 모레까지군요.)

- ~から ~までは ~부터(에서) ~까지를 나타내는 뜻으로 기간, 시간, 장소 등에서 활용된다.
- ~と는 연결 시 사용되는 것으로 사람, 사물 모두 사용할 수 있다.

예 : 小林(こばやし)と 石井(いしい)です。이시이와 고바야시입니다.

예 : これと それです。이것과 그것입니다.

1. 다음을 연습해 보자.

(1) ここから 図書館(としょかん)までです。

(이곳에서 도서관까지입니다.)

(2) 月曜日(げつようび)から 金曜日(きんようび)までです。

(월요일부터 금요일까지입니다.)

(3) 食事(しょくじ)は 12時(じゅうにじ)から 1時(いちじ)までです。

(식사는 12시부터 1시까지입니다.)

2. 다음을 보기와 같이 ~から ~まで의 문장으로 작성하시오.

보 기

今日(きょう)、明後日(あさって)

⇨ 今日(きょう)から 明後日(あさって)までですね。(오늘부터 모레까지군요.)

(1) 今日(きょう)、明日(あした)

⇨ ______________________________

(2) ソウル、ブサン

⇨ ______________________________

(3) 大学(だいがく)、家(いえ)

⇨ ______________________________

(4) 空港(くうこう)、ホテル

⇨ ______________________________

(5) 午前(ごぜん) 9時(くじ)、午後(ごご) 5時(ごじ)

⇨ ______________________________

3. 다음을 연습해 보자.

(1) 予約(よやく)は 1002号室(ごうしつ)と 1003号室(ごうしつ)です。

(예약은 1002호실과 1003호실입니다.)

(2) このビルと あのビルです。

(이 빌딩과 저 빌딩입니다.)

(3) 明日(あした)は 私(わたし)と なかむらさんです。

(내일은 저와 나까무라씨입니다.)

4. 다음 (　　) 안의 단어를 활용하여 작성하고 한국어로 해석하시오.

숫자는 히라가나로 쓰시오.

(1) お部屋(へや)は 何号室(なんごうしつ)ですか。(1702号室(ごうしつ))

⇨ ______________________________

(2) お部屋(へや)は 何号室(なんごうしつ)ですか。(1004号室(ごうしつ))

⇨ ______________________________

5. 다음 밑줄 친 부분에 적당한 조사를 쓰시오.

フロント：いらっしゃいませ。

聖(ソン)ゆり：チェックイン お願(ねが)いします。

フロント：お名前(なまえ)___ お願(ねが)いします。

聖(ソン)ゆり：はい、小林(こばやし)と 石井(いしい)。

フロント：今日(きょう)___ ___ 明後日(あさって)___ ___ ですね。

聖(ソン)ゆり：はい、そうです。

フロント：お部屋(へや)___ 1702号室(ごうしつ)です。

これ___ 部屋(へや)のかぎです。

フロント：ごゆっくり どうぞ。

聖(ソン)ゆり：どうも。

6. 다음 문장을 일본어로 작성하시오.

(1) 고바야시와 이시이입니다.

⇨ ______________________________

(2) 오늘부터 내일까지군요.

⇨ ______________________________

(3) 방은 몇 호실이었습니까?

⇨ ______________________________

(4) 편히 쉬십시오.

⇨ ______________________________

(5) 영업은 오전 10시부터였습니까?

⇨ ______________________________

(6) 공항에서 호텔까지입니다.

⇨ ______________________________

(7) 이것은 방 열쇠입니다.

⇨ ______________________________

(8) 수업은 몇 시부터 몇 시까지입니까?

⇨ ______________________________

だいよんか
第4課

今、何時ですか。
(いま、なんじ)

지금, 몇 시입니까?

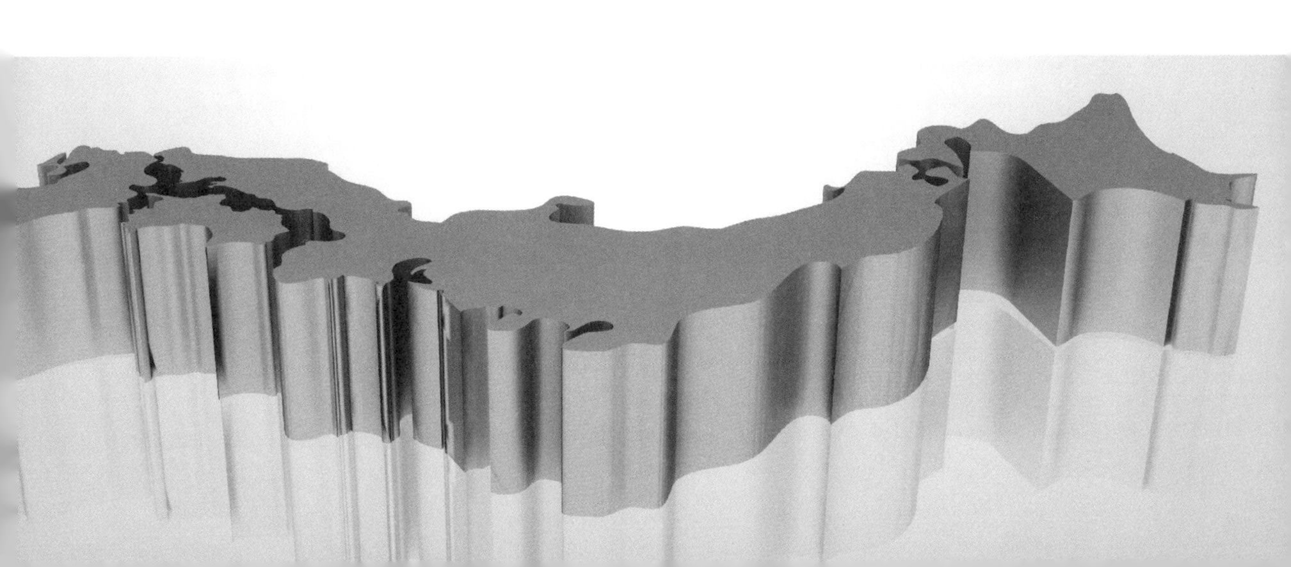

第4課

今(いま)、何時(なんじ)ですか。

小　林(こばやし)：ゆりさん、今(いま)、何時(なんじ)ですか。

聖(ソン)ゆり：四時(よじ)です。

石　井(いしい)：夕食(ゆうしょく)は 何時(なんじ)からです。

聖(ソン)ゆり：七時(しちじ)からです。

石　井(いしい)：小林(こばやし)さん、今(いま)、何時(なんじ)ですか。

小　林(こばやし)：ちょうど 五時(ごじ)ですが。。。

石　井(いしい)：ミョンドンに いきますか。

小　林(こばやし)：ミョンドンまで どのぐらいかかりますか。

聖(ソン)ゆり：あるいて 十分(じゅっぷん) ぐらいかかります。

小　林(こばやし)：そうですか。

제4과

지금, 몇 시입니까?

고바야시 : 유리씨, 지금 몇 시입니까?

성 유 리 : 4시입니다.

이 시 이 : 저녁 식사는 몇 시부터입니까?

성 유 리 : 7시부터입니다.

이 시 이 : 고바야시씨, 지금 몇 시입니까?

고바야시 : 마침 5시입니다만….

이 시 이 : 명동에 갈까요?

고바야시 : 명동까지 어느 정도 걸리나요?

성 유 리 : 걸어서 10분 정도 걸립니다.

고바야시 : 그렇군요.

메모

새단어 あたらしいことば

今(いま)〔지금〕

何時(なんじ)〔몇 시〕

夕食(ゆうしょく)〔저녁 식사〕

ちょうど〔마침〕

そうですか〔그렇군요〕

~ に〔~에〕

いきますか〔갈까요?〕

どのぐらい〔어느 정도〕

午前(ごぜん)〔오전〕

午後(ごご)〔오후〕

かかりますか〔걸립니까?〕

前(まえ)〔앞/전〕

後(あと/ご)〔후〕

10分(じゅっぷん)〔10분〕

飛行機(ひこうき)〔비행기〕

授業(じゅぎょう)〔수업〕

休(やす)み〔휴식〕

免税店(めんぜいてん)〔면세점〕

バス〔버스〕

レストラン〔레스토랑〕

デパート〔백화점〕

映画館(えいがかん)〔영화관〕

歩(ある)いて〔걸어서〕

駅(えき)〔역〕

郵便局(ゆうびんきょく)〔우체국〕

地下鉄(ちかてつ)〔지하철〕

学校(がっこう)〔학교〕

何時間(なんじかん)〔몇 시간〕

何分(なんぷん)〔몇 분〕

仕事(しごと)〔일〕

約(やく)〔약〕

キョンボッグン〔경복궁〕

ジェジュウド〔제주도〕

ミョンドン〔명동〕

ミソッチョン〔민속촌〕

ナムサン〔남산〕

시간 말하기

1시	一時	いちじ	7시	七時	しちじ
2시	二時	にじ	8시	八時	はちじ
3시	三時	さんじ	9시	九時	くじ
4시	四時	よじ	10시	十時	じゅうじ
5시	五時	ごじ	11시	十一時	じゅういちじ
6시	六時	ろくじ	12시	十に時	じゅうにじ

1분	一分	いっぷん	15분	十五分	じゅうごふん
2분	二分	にふん	20분	二十分	にじゅっぷん にじっぷん
3분	三分	さんぷん	25분	二十五分	にじゅうごふん
4분	四分	よんぷん	30분	三十分	さんじゅっぷん さんじっぷん
5분	五分	ごふん	35분	三十五分	さんじゅうごふん
6분	六分	ろっぷん	40분	四十分	よんじゅっぷん よんじっぷん
7분	七分	ななふん	45분	四十五分	よんじゅうごふん
8분	八分	はっぷん	50분	五十分	ごじゅっぷん ごじっぷん
9분	九分	きゅうふん	55분	五十五分	ごじゅうごふん
10분	十分	じゅっぷん じっぷん	반	半	はん

午前(ごぜん)(오전)	午後(ごご)(오후)	前(まえ)(전)	後(あと)(후)
頃(ごろ)(쯤)	ちょうど(마침)	もう(벌써)	未(ま)だ

문법 & 연습(ぶんぽう & れんしゅう)

잠깐! 문법학습

今(いま)、何時(なんじ)ですか。(지금 몇 시입니까?)

- 시간을 가리키는 것으로 なんじ는 몇 시의 의미이다.
  여기에 ですか를 붙이면 의문문이 된다.
- いま는 지금을 뜻하는 것으로 일반적으로 いま、なんじですか로 사용되기도 한다.
- 친근한 사이에서는 いま、なんじ(지금 몇 시?)로 줄여서 말하기도 한다.

1. 다음 문장을 연습해 보자.

(1) 今(いま)、何時(なんじ)ですか。(지금 몇 시입니까?)

いちじです。(1시입니다.)

にじ ごふん まえです。(2시 5분 전입니다.)

さんじ じゅっぷんです。(3시 10분입니다.)

よじ じゅうごふんです。(4시 15분입니다.)

ごご ごじ にじゅっぷんです。(오후 5시 20분입니다.)

しちじ じゅうななふんです。(7시 17분입니다.)

くじ よんじゅうろっぷんです。(9시 46분입니다.)

じゅうじ ごじゅっぷんです。(10시 50분입니다.)

じゅういちじ ごじゅうごふんです。(11시 55분입니다.)

ごぜん じゅうにじです。(오전 12시입니다.)

(2) 授業(じゅぎょう)は 何時間(なんじかん)ですか。(수업은 몇 시간입니까?)

⇨ 6時間(ろくじかん)です。(6시간입니다.)

(3) 休(やす)みは 何時間(なんじかん)ですか。(휴식은 몇 시간입니까?)

⇨ 1時間(いちじかん)です。(1시간입니다.)

2. 다음 문장을 보기와 같이 작성하시오.

보 기

今(いま)、何時(なんじ)ですか。(1時 30分) (지금 몇 시입니까?)(1시 30분)

⇨ いちじ さんじゅっぷんです。(1시 30분입니다.)

(1) 今、何時ですか。(4時 20分)

⇨ ____________________

(2) 今、何時ですか。(5時 15分)

⇨ ____________________

(3) 今、何時ですか。(7時 45分)

⇨ ____________________

(4) 今、何時ですか。(9時 半)

⇨ ______________________________

(5) 今、何時ですか。(12時 40分)

⇨ ______________________________

3. 다음 빈칸을 히라가나로 쓰시오.

	なんじから なんじまで ですか。
めんぜいてん	
レストラン	
デパート	
ゆうびんきょく	
えいがかん	

잠깐! 문법학습

どの ぐらい かかりますか。(어느 정도 걸립니까?)

- 목적지까지 걸리는 시간을 말한다.
- どのぐらい는 어느 정도라는 의미이며, かかりますか(걸립니까?)는 동사기본형 かかる(걸리다)를 정중형으로 변형한 것이다.
- どのぐらい かかりますか에 대한 답변은 일반적으로 ~ぐらい かかります 또는 ~ぐらいです로 답변하게 된다.
- 아랫사람이나 친근한 사이에서는 どのぐらい かかる?라는 형식으로 동사기본형 그대로 사용하기도 한다.

4. 다음 문장을 연습해 보자.

(1) 学校(がっこう)から 家(いえ)まで どのぐらい かかりますか。

(학교에서 집까지 어느 정도 걸립니까?)

⇨ バスで 1時間(いちじかん)ぐらい かかります。

(버스로 1시간 정도 걸립니다.)

(2) ここから レストランまで どのぐらい かかりますか。

(여기에서 레스토랑까지 어느 정도 걸립니까?)

⇨ 車(くるま)で 30分(さんじゅっぷん) ぐらい かかります。

(자동차로 30분 정도 걸립니다.)

(3) 駅(えき)から 市場(いちば)まで どのぐらい かかりますか。

(역에서 시장까지 어느 정도 걸립니까?)

⇨ 歩(ある)いて 20分(にじゅっぷん) ぐらい かかります。

(걸어서 20분 정도 걸립니다.)

(4) ホテルから ミンソッチョンまで どのぐらい かかりますか。

(호텔에서 민속촌까지 어느 정도 걸립니까?)

⇨ 車(くるま)で 1時間(いちじかん) 30分(さんじゅっぷん)ぐらい かかります。

(자동차로 1시간 30분 정도 걸립니다.)

5. (　　)의 단어를 활용하여 적당한 문장을 작성하시오.

(1) キョンボッグンまで どのぐらい かかりますか。(歩(ある)いて、5分)

⇨ ______________________________

(2) ジェジュウドまで どのぐらい かかりますか。(飛行機(ひこうき)で、1時間)

⇨ ______________________________

(3) デパートまで どのぐらい かかりますか。(バスで、20分)

⇨ ______________________________

(4) レストランまで どのぐらい かかりますか。(地下鉄(ちかてつ)で、15分)

⇨ ______________________________

6. 다음 (　　)의 우리말을 일본어로 쓰시오.

小　林：ゆりさん、今(いま)、＿＿＿＿＿＿＿＿ (몇 시입니까?)

聖(ソン)ゆり：四時(よじ)です。

石　井：夕食(ゆうしょく)は 何時(なんじ)からです。

聖(ソン)ゆり：七時(しちじ) ＿＿＿＿＿＿＿＿ (부터입니다.)

石　井：小林(こばやし)さん、今(いま)、何時(なんじ)ですか。

小　林：ちょうど 五時(ごじ)ですが。。。

石　井：ミョンドンに いきますか。

小　林：ゆりさん、ミョンドンまで ＿＿＿＿ かかりますか。
(어느 정도)

聖(ソン)ゆり：あるいて 十分(じゅっぷん) ぐらい かかります。

小　林：そうですか。

7. 다음을 일본어로 쓰시오.

(1) 남산까지 지하철로 25분 정도 걸립니다.

⇨ ______________________________

(2) 수업은 몇 시간입니까?

⇨ ______________________________

(3) 그 레스토랑까지 버스로 40분 정도 걸렸습니다.

⇨ ______________________________

(4) 오후 6시 반 정도였습니다.

⇨ ______________________________

(5) 비행기로 서울에서 부산까지 어느 정도 걸립니까?

⇨ ______________________________

(6) 휴식은 몇 분간입니까?

⇨ ______________________________

(7) 다나까씨 일은 몇 시부터 몇 시까지입니까?

⇨ ______________________________

(8) 당신은 집에서 대학교까지 어느 정도 걸립니까?

⇨ ______________________________

(9) 한국에서 일본까지는 약 3시간 정도 걸립니다.

⇨ ______________________________

(10) 회사는 오전 8시 30분부터 오후 5시 30분까지입니다.

⇨ ______________________________

だいごか
第5課

いくらですか。

얼마입니까?

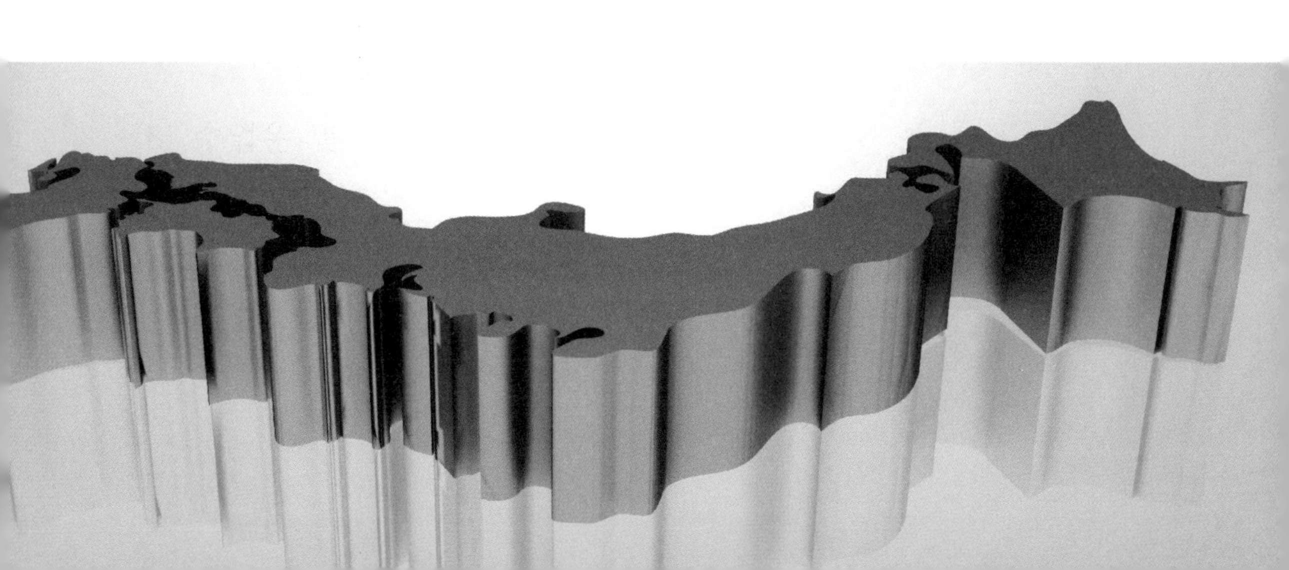

第5課

いくらですか。

小林(こばやし)：すみません。この財布(さいふ)は いくらですか。

店員(てんいん)：それは 2万(にまん)ウォンです。

小林(こばやし)：綺麗(きれい)ですね。それも 2万(にまん)ウォンですか。

店員(てんいん)：いいえ、それは 3万(さんまん) 5千(ごせん)ウォンです。

小林(こばやし)：そうですか。

それじゃ、これを二(ふた)つ 下(くだ)さい。

全部(ぜんぶ)で いくらですか。

店員(てんいん)：全部(ぜんぶ)で 4万(よんまん)ウォンです。

小林(こばやし)：はい、どうぞ。

店員(てんいん)：有難(ありがと)うございました。

제5과

얼마입니까?

고바야시 : 죄송합니다. 이 지갑은 얼마입니까?

점　　원 : 그것은 20,000원입니다.

고바야시 : 예쁘군요. 그것도 20,000입니까?

점　　원 : 아니요. 그것은 35,000원입니다.

고바야시 : 그래요?

그럼, 이것을 2개 주세요.

전부해서 얼마입니까?

점　　원 : 전부해서 40,000원입니다.

고바야시 : 예, 여기 있습니다.

점　　원 : 감사합니다.

메모

새단어 あたらしいことば

さいふ
財布〔지갑〕

それ〔그것〕

きれい
綺麗だ〔예쁘다〕

ウォン〔원〕

それじゃ〔그럼〕

ふた
二つ〔2개〕

ぜんぶ
全部〔전부〕

～で〔～해서〕

どうぞ〔여기 있습니다〕

くだ
下さい〔주세요〕

でんわ
電話〔전화〕

りょうきん
料金〔요금〕

ホテル〔호텔〕

チケット〔티켓(표)〕

かばん〔가방〕

ネクタイ〔넥타이〕

イチゴ〔딸기〕

くつ
靴〔구두〕

ワイン〔와인〕

スカーフ〔스카프〕

ざっし
雑誌〔잡지〕

ビール〔맥주〕

とけい
時計〔시계〕

てんいん
店員〔점원〕

かぞく
家族〔가족〕

にほんご　ほん
日本語の本〔일본어 책〕

みず
水〔물〕

さかな
魚〔생선〕

ごひき
5匹〔다섯 마리〕

かみ
紙〔종이〕

えんぴつ
鉛筆〔연필〕

みそラーメン〔된장라면〕

りんご〔사과〕

にまん
2万〔2만〕

さんまん　ごせん
3万 5千〔3만 5천〕

よんまん
4万〔4만〕

家族(かぞく)は 何人(なんにん)ですか。가족은 몇 명입니까?

공손형 (자신이 말할 때)			존경형 (상대방에게 말할 때)	
家族	かぞく	가족	ごかぞく	ご家族
両親	りょうしん	부모	ごりょうしん	ご両親
祖父	そふ	할아버지	おじいさん	お祖父さん
祖母	そぼ	할머니	おばあさん	お祖母さん
父	ちち	아버지	おとうさん	お父さん
母	はは	어머니	おかあさん	お母さん
兄弟	きょうだい	형제	ごきょうだい	ご兄弟
姉妹	しまい	자매	ごしまい	ご姉妹
兄	あに	형, 오빠	おにいさん	お兄さん
姉	あね	누나, 언니	おねえさん	お姉さん
弟	おとうと	남동생	おとうとさん	弟さん
妹	いもうと	여동생	いもうとさん	妹さん
主人	しゅじん	남편	ごしゅじん	ご主人
夫	おっと	부군		
家内	かない	집사람 · 아내	おくさん	奥さん
妻	つま	사모님		
子供	こども	아이	おこさん	お子さん
		자제분	こどもさん	子供さん
息子	むすこ	아들	むすこさん	息子さん
		아드님 · 도련님	おぼっちゃん	お坊っちゃん
娘	むすめ	딸	むすめさん	娘さん
		따님		

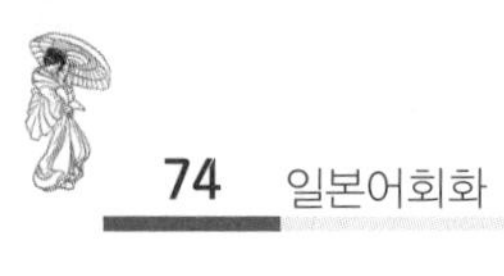

숫자 읽기

1	一	いち	10	十	とお じゅう	100	百	ひゃく	1,000	千	せん いっせん
2	二	に	20	二十	にじゅう	200	二百	にひゃく	2,000	二千	にせん
3	三	さん	30	三十	さんじゅう	300	三百	さんびゃく	3,000	三千	さんぜん
4	四	し よん	40	四十	よんじゅう	400	四百	よんひゃく	4,000	四千	よんせん
5	五	ご	50	五十	ごじゅう	500	五百	ごひゃく	5,000	五千	ごせん
6	六	ろく	60	六十	ろくじゅう	600	六百	ろっぴゃく	6,000	六千	ろっせん
7	七	なな しち	70	七十	ななじゅう	700	七百	ななひゃく	7,000	七千	ななせん
8	八	はち	80	八十	はちじゅう	800	八百	はっぴゃく	8,000	八千	はっせん
9	九	く きゅう	90	九十	きゅうじゅう	900	九百	きゅうひゃく	9,000	九千	きゅうせん

10,000	一万	いちまん	10만 ~ 90만	十万 ~ 九万	じゅうまん ~ きゅうじゅうまん
20,000	二万	にまん			
30,000	三万	さんまん			
40,000	四万	よんまん	100만 ~ 900만	百万 ~ 九百万	ひゃくまん ~ きゅうひゃくまん
50,000	五万	ごまん			
60,000	六万	ろくまん			
70,000	七万	ななまん	1,000만	一千万	いっせんまん
80,000	八万	はちまん	1억	一億	いちおく
90,000	九万	きゅうまん	1조	一兆	いっちょう

문법 & 연습(ぶんぽう & れんしゅう)

잠깐! 문법학습

いくらですか。(얼마입니까?)

ぜんぶで いくらですか。(전부해서 얼마입니까?)

- 주로 물건을 살 때 사용되는 표현으로 ぜんぶ는 전부, 모두라는 뜻이며 여기에 조사 で는 ~해서로 해석한다.
- いくら는 얼마라는 뜻이며 ですか(입니까?)는 정중형이면서 의문 표현이다.
- 손아랫사람이나 친근한 사이에서는 いくら(얼마?)라는 표현을 사용하기도 한다.

1. 다음 문장을 연습해 보자.

(1) いくらですか。(얼마입니까?)

いちまんごせんウォンです。(15,000원입니다.)

さんまんえんです。(30,000엔입니다.)

じゅうにまんウォンです。(120,000원입니다.)

(2) 電話料金(でんわりょうきん)は いくらですか。(전화 요금은 얼마입니까?)

ホテル料金(りょうきん)は いくらですか。(호텔 요금은 얼마입니까?)

バス料金(りょうきん)は いくらですか。(버스 요금은 얼마입니까?)

チケットは 全部(ぜんぶ)で いくらですか。(티켓(표)은 전부해서 얼마입니까?)

2. 아래 표의 단어를 활용하여 보기와 같이 문장을 만드시오.

보 기

さいふは いくらですか。(지갑은 얼마입니까?)
⇨ にまんウォンです。(20,000원입니다.)

かばん	30,000ウォン	くつ	57,000ウォン	ざっし	2,000ウォン
ネクタイ	5,000ウォン	ワイン	10,000ウォン	ビール	1,500ウォン
イチゴ	3,000ウォン	スカーフ	4,000ウォン	とけい	23,000ウォン

잠깐! **문법학습**

これを 二(ふた)つ 下(くだ)さい。(이것을 두 개 주세요.)

- 二つ(ふたつ)는 2개라는 뜻으로 보통 사물을 셀 때나 물건을 구입할 때 사용된다.
- ~くださいは ~주세요라는 뜻으로 여러 상황에서 사용 범위가 넓다.

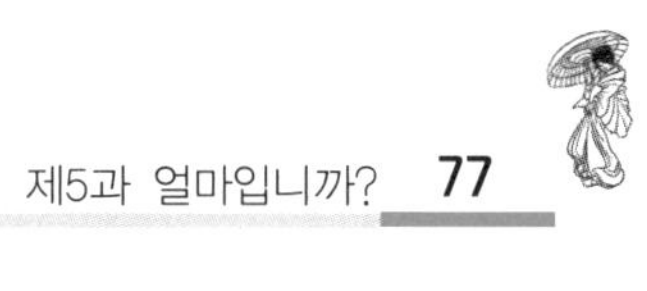

여러 가지 세는 방법(조 수사/단위)							
	개 서수	인/명 (人)	상자 (箱)	컵 (杯)	장 (枚)	권 (冊)	자루, 병 (本)
	いく 幾つ	なんにん 何人	なんぱこ 何箱	なんばい 何杯	なんまい 何枚	なんさつ 何冊	なんぼん 何本
1 いち	ひと 一つ	ひとり 一人	ひとはこ 一箱	いっぱい 一杯	いちまい 一枚	いっさつ 一冊	いっぽん 一本
2 に	ふた 二つ	ふたり 二人	ふたはこ 二箱	にはい 二杯	にまい 二枚	にさつ 二冊	にほん 二本
3 さん	みっ 三つ	さんにん 三人	さんぱこ 三箱	さんばい 三杯	さんまい 三枚	さんさつ 三冊	さんぼん 三本
4 し·よん	よっ 四つ	よにん 四人	よんはこ 四箱	よんはい 四杯	よんまい 四枚	よんさつ 四冊	よんほん 四本
5 ご	いつ 五つ	ごにん 五人	ごはこ 五箱	ごはい 五杯	ごまい 五枚	ごさつ 五冊	ごほん 五本
6 ろく	むっ 六つ	ろくにん 六人	ろっぱこ 六箱	ろっぱい 六杯	ろくまい 六枚	ろくさつ 六冊	ろっぽん 六本
7 なな	なな 七つ	なな/しちにん 七人	ななはこ 七箱	ななはい 七杯	ななまい 七枚	ななさつ 七冊	ななほん 七本
8 はち	やっ 八つ	はちにん 八人	はちはこ はっぱこ 八箱	はっぱい 八杯	はちまい 八枚	はっさつ 八冊	はっぽん 八本
9 きゅう	ここの 九つ	きゅうにん 九人	きゅうはこ 九箱	きゅうはい 九杯	きゅうまい 九枚	きゅうさつ 九冊	きゅうほん 九本
10 じゅう	とお 十	じゅうにん 十人	じゅっぱこ 十箱	じゅっぱい 十杯	じゅうまい 十枚	じゅっさつ 十冊	じゅっぽん 十本
	순서(하나, 둘, 셋), 물건 수	사람	상자, 담배갑 등	음료 등	종이, 표, 엽서, 셔츠 등	노트, 책 등	연필, 나무, 병 등 긴 것

3. 다음 문장을 연습해 보자.

(1) そのかばんを 一(ひと)つ 下(くだ)さい。(그 가방을 1개 주세요.)

(2) 日本語(にほんご)の本(ほん)を 十冊(じゅっさつ) 下(くだ)さい。(일본어 책을 10권 주세요.)

(3) 鉛筆(えんぴつ)を 三本(さんぼん) 下(くだ)さい。(연필을 3자루 주세요.)

(4) (お)水(みず)を 一杯(いっぱい) 下(くだ)さい。(물을 한 잔(컵) 주세요.)

(5) あのりんごを 五(いつ)つ 下(くだ)さい。(저 사과를 5개 주세요.)

4. 다음 문장을 보기와 같이 작성하시오.

보 기

これを 下(くだ)さい。(一(ひと)つ)　(이것을 주세요.)(한 개)

⇨ これを 一(ひと)つ 下(くだ)さい。(이것을 한 개 주세요.)

(1) この 本(ほん)を 下(くだ)さい。(二冊(にさつ))

⇨ ______________________________

(2) それを 下(くだ)さい。(三本(さんぼん))

⇨ ______________________________

(3) あの 時計(とけい)を 下(くだ)さい。(四(よっ)つ)

⇨ ______________________________

(4) その 魚(さかな)を 下(くだ)さい。(五匹(ごひき))

⇨ ______________________________

(5) 紙(かみ)を 下(くだ)さい。(七枚(ななまい))

⇨ ______________________________

5. **다음 밑줄 친 부분에 적절한 조사를 쓰시오.**

小林(こばやし)：すみません。この財布(さいふ) ___ いくらですか。

店員(てんいん)：それ___ 2万(にまん)ウォンです。

小林(こばやし)：綺麗(きれい)ですね。それ___ 2万(にまん)ウォンですか。

店員(てんいん)：いいえ、それ___ 3万(さんまん) 5千(ごせん)ウォンです。

小林(こばやし)：そうですか。

それじゃ、これ___ 二(ふた)つ 下(くだ)さい。

全部(ぜんぶ)___ いくらですか。

店員(てんいん)：全部(ぜんぶ)___ 4万(よんまん)ウォンです。

小林(こばやし)：はい、どうぞ。

店員(てんいん)：有難(ありがと)うございました。

6. 다음 문장을 일어로 변형하시오.

(1) 예쁘군요.

⇨ ______________________________

(2) 이것을 주세요.

⇨ ______________________________

(3) 전부해서 얼마입니까?

⇨ ______________________________

(4) 생선요리는 얼마였습니까?

⇨ ______________________________

(5) 스카프와 넥타이는 전부해서 100,000원이었습니다.

⇨ ______________________________

(6) 점원은 몇 명이었습니까?

⇨ ______________________________

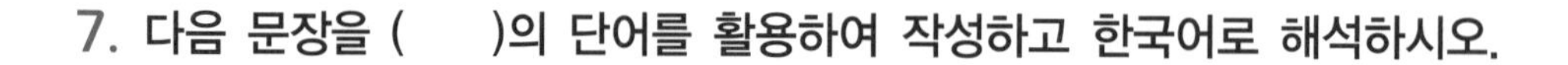

7. 다음 문장을 (   )의 단어를 활용하여 작성하고 한국어로 해석하시오.

(1) この 日本語(にほんご)の本(ほん)は 一冊(いっさつ)で いくらでしたか。(15,000ウォン)

⇨ ______________________________

(2) 電話料金(でんわりょうきん)は いくらでしたか。(3,300円)

⇨ ______________________________

(3) バナナを 五本(ごほん) 下(くだ)さい。いくらですか。(2,000ウォン)

⇨ ______________________________

(4) みそラーメンを 三(みっ)つ 下(くだ)さい。いくらですか。(4,350円)

⇨ ______________________________

(5) 貴方(あなた)の家族(かぞく)は 何人(なんにん)ですか。(4人(よにん))

⇨ ______________________________

だいろっか
第6課

韓国(かんこく)レストランは どこに ありますか。

한식당은 어디에 있습니까?

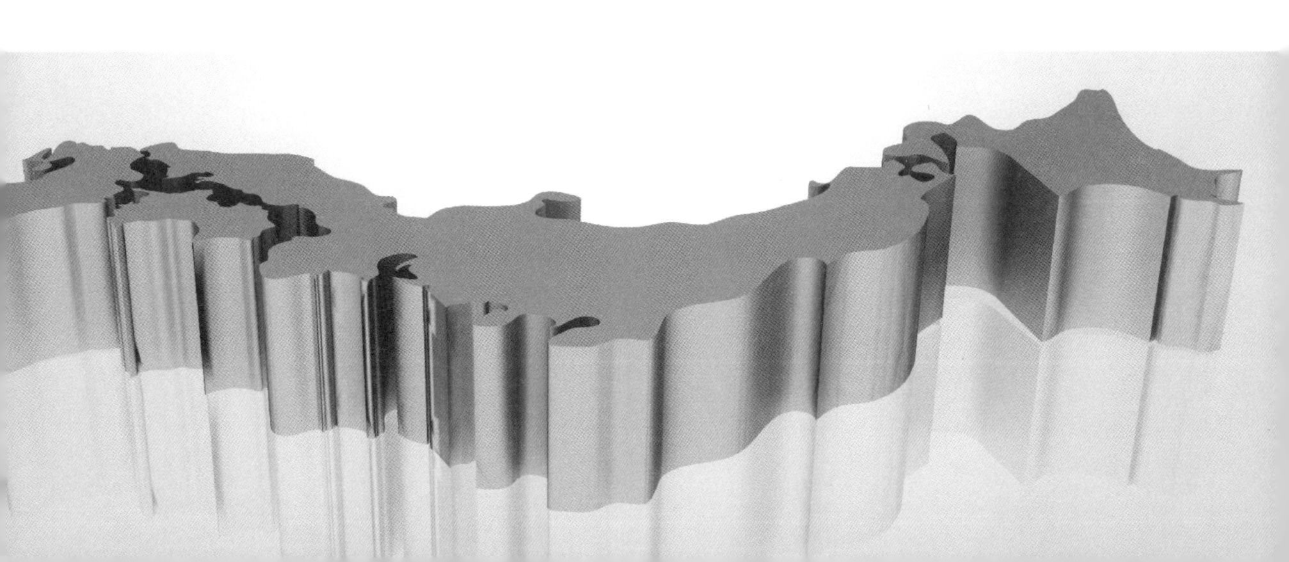

第6課
韓国(かんこく)レストランは どこに ありますか。

小林(こばやし)：ゆりさん、韓国(かんこく)レストランは どこに ありますか。

聖(ソン)ゆり：地下(ちか) 1階(いっかい)に あります。

小林(こばやし)：何時(なんじ)から ですか。

聖(ソン)ゆり：午前(ごぜん) 11時(じゅういちじ)　から 午後(ごご) 9時(くじ)までです。

石井(いしい)：そこに 売店(ばいてん)も ありますか。

聖(ソン)ゆり：いいえ、売店(ばいてん)は ありません。

地下(ちか) 2階(にかい)に あります。

小林(こばやし)：あ、地下(ちか) 2階(にかい)ですね。

제6과

한식당은 어디에 있습니까?

고바야시 : 유리씨, 한식당은 어디에 있습니까?

성 유 리 : 지하 1층에 있습니다.

고바야시 : 몇 시부터인가요?

성 유 리 : 오전 11시부터 오후 9까지입니다.

이 시 이 : 그곳에 매점도 있나요?

성 유 리 : 아니요. 매점은 없어요.
지하 2층에 있습니다.

고바야시 : 아, 지하 2층이군요.

메모

새단어 あたらしいことば

レストラン〔레스토랑〕

そこ〔거기, 그곳〕

デパート〔백화점〕

めんぜいてん
免税店〔면세점〕

ちか　いっかい
地下 1階〔지하1층〕

にかい
2階〔2층〕

ごぜん
午前〔오전〕

ごご
午後〔오후〕

じゅういちじ
11時〔11시〕

なんかい
何階〔몇 층〕

くじ
9時〔9시〕

ばいてん
売店〔매점〕

なに
何が〔무엇이〕

どこに〔어디에〕

にちようび
日曜日〔일요일〕

どようび
土曜日〔토요일〕

みぎがわ
右側〔오른편(오른쪽)〕

ひだりがわ
左側〔왼편(왼쪽)〕

じどう　はんばいき
自動販売機〔자동판매기〕

やくそく
約束〔약속〕

なに
何も〔아무것도〕

ミョンドン〔명동〕

バス〔버스〕

トイレ〔화장실〕

コーヒーショップ〔커피숍〕

ていりゅうじょう
停留場〔정류장〕

문법 & 연습(ぶんぽう & れんしゅう)

잠깐! 문법학습

レストランは どこに ありますか。(레스토랑은 어디에 있습니까?)

- どこに는 どこ(어디)라는 단어에 조사 に(에)를 붙인 것이다. に는 장소, 위치 등에 주로 사용된다.
- あります는 동사 기본형 ある(있다)의 정중형이며 긍정 표현으로 주로 무생물을 가리킬 때 사용된다.
- 의문문은 あります에 か를 붙여 ありますか(있습니까?)로 표현한다. 이러한 질문에 대한 긍정일 경우, 답변은 はい、あります(예, 있습니다)로, 부정일 경우는 いいえ、ありません(아니요, 없습니다)이 된다.

何階(なんかい)ですか。몇 층입니까?

1층	一階(いっかい)	2층	二階(にかい)
3층	三階(さんかい)	4층	四階(よんかい)
5층	五階(ごかい)	6층	六階(ろっかい)
7층	七階(ななかい)	8층	八階(はちかい、はっかい)
9층	九階(きゅうかい)	10층	十階(じゅっかい、じっかい)
11층	十一階(じゅういっかい)	20층	二十階(にじゅっかい)
≀	≀	30층	三十階(さんじゅっかい)
19층	十九階(じゅうきゅうかい)	40층	四十階(よんじゅっかい)

1. 다음 문장을 연습해 보자.

(1) デパートは どこに ありますか
(백화점은 어디에 있습니까?)

(2) 免税店(めんぜいてん)は 何階(なんかい)に ありますか。
(면세점은 몇 층에 있습니까?)

(3) そこに レストランは ありますか。
(그곳에 레스토랑은 있습니까?)

(4) あそこに 何(なに)が ありますか。
(저곳에 무엇이 있습니까?)

2. 다음을 연습해 보자.

(1) レストランは 1階(いっかい)に ありますか。(레스토랑은 1층에 있습니까?)

⇨ はい、1階(いっかい)に あります。(예, 1층에 있습니다.)

⇨ いいえ、1階(いっかい)に ありません。2階(にかい)に あります。

(아니요, 1층에 없습니다. 2층에 있습니다.)

(2) 日曜日(にちようび)に 約束(やくそく)が ありますか。(일요일에 약속이 있습니까?)

⇨ はい、約束(やくそく)が あります。(예, 약속이 있습니다.)

⇨ いいえ、日曜日(にちようび)に 約束(やくそく)は ありません。

土曜日(どようび)に あります。

(아니요, 일요일에 약속은 없습니다. 토요일에 있습니다.)

(3) かばんは 部屋(へや)に ありましたか。(가방은 방에 있었습니까?)

⇨ はい、かばんは 部屋(へや)に ありました。

(가방은 방에 있었습니다.)

⇨ いいえ、かばんは 部屋(へや)に ありませんでした。

レストランに ありました。

(아니요, 가방은 방에 없었습니다. 레스토랑에 있었습니다.)

(4) トイレは ロビーに ありましたか。

(화장실은 로비에 있었습니까?)

⇨ はい、ロビーに ありました。(예, 로비에 있었습니다.)

⇨ いいえ、ロビーに ありませんでした。

(아니요, 로비에 없었습니다.)

コーヒーショップの となりに ありました。

(커피숍 옆에 있었습니다.)

(5) バス停留場(ていりゅうじょう)は あそこの右側(みぎがわ)に ありましたか。

(버스 정류장은 저곳의 오른편에 있었습니까?)

⇨ はい、あそこの 右側(みぎがわ)に ありました。

(예, 저곳의 오른편에 있었습니다.)

⇨ いいえ、あそこの 右側(みぎがわ)に ありませんでした。

左側(ひだりがわ)に ありました。

(아니요, 저곳의 오른편에 없었습니다. 왼편에 있었습니다.)

3. 다음 문장을 보기와 같이 작성하시오.

보 기

レストランは 地下(ちか) 1階(いっかい)に ありますか。(레스토랑은 지하 1층에 있습니까?)

⇨ はい、地下(ちか) 1階(いっかい)に あります。(예, 지하 1층에 있습니다.)

(1) デパートは ミョンドンに ありますか。

⇨ いいえ、______________________________

(2) 免税店(めんぜいてん)は 10階(じゅっかい)に ありますか。

⇨ はい、______________________________

4. 다음 밑줄 친 부분에 적절한 조사를 쓰시오.

小林(こばやし)：ゆりさん、韓国(かんこく)レストラン___ どこ___ ありますか。

聖(ソン)ゆり：地下(ちか) 1階(いっかい)___ あります。

小林(こばやし)：何時(なんじ)______ ですか。

聖(ソン)ゆり：午前(ごぜん) 11時(じゅういちじ)______ 午後(ごご) 9時(くじ)______ です。

石井(いしい)：そこ____ 売店(ばいてん)_____ ありますか。

聖(ソン)ゆり：いいえ、売店(ばいてん) ____ ありません。

地下(ちか) 2階(にかい) ____ あります。

小林(こばやし)：あ、地下(ちか) 2階(にかい)ですね。

5. 다음 문장을 (　　)의 단어를 활용하여 작성하고 한국어로 해석하시오.

(1) レストランは 1階(いっかい)に ありますか。

いいえ、 ________________________________ (9층)

(2) 土曜日(どようび)に 約束(やくそく)が ありますか。

いいえ、 ________________________________ (일요일)

(3) かばんは 部屋(へや)に ありましたか。

はい、 ________________________________

いいえ、 ________________________________ (레스토랑)

(4) トイレは ロビーに ありましたか。

はい、 ________________________________

いいえ、 ________________________________ (커피숍 옆)

(5) バス停留場(ていりゅうじょう)は あそこの 右側(みぎがわ)に ありましたか。

はい、 ________________________________

いいえ、 ________________________________ (왼편)

6. **다음 문장을 일본어로 작성하시오.**

(1) 어디에 있습니까?

⇨ ______________________________

(2) 지하 1층에 있습니다.

⇨ ______________________________

(3) 몇 시부터입니까?

⇨ ______________________________

(4) 그곳에 매점도 있습니까?

⇨ ______________________________

(5) 아니요, 매점은 없습니다.

⇨ ______________________________

(6) 커피숍은 10시부터입니까?

⇨ ______________________________

(7) 로비에 자동판매기가 있습니다.

⇨ ____________________

(8) 왼편에 무엇이 있었습니까?

⇨ ____________________

(9) 그곳에는 아무것도 없었습니다.

⇨ ____________________

(10) 토요일은 약속이 없습니다.

⇨ ____________________

だいななか
第7課

人々が大勢いますね。

ひとびと　おおぜい

사람들이 많이 있군요.

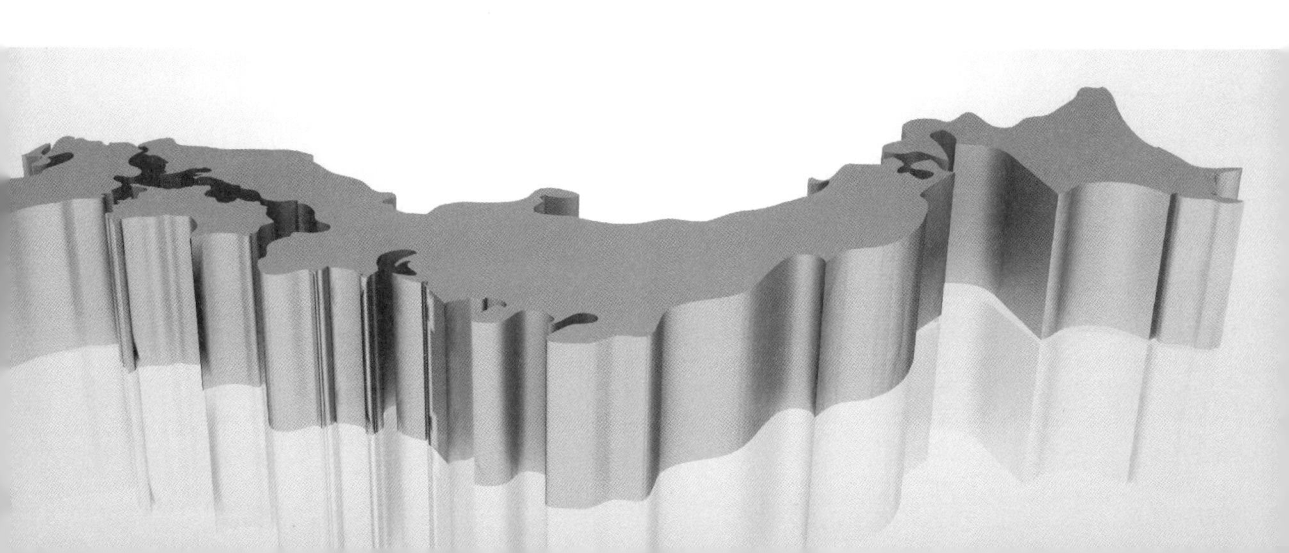

第7課 人々(ひとびと)が 大勢(おおぜい) いますね。

聖(ソン)ゆり：ミンソッチョンです。

小　林(こばやし)：わ。。人々(ひとびと)が 大勢(おおぜい) いますね。

聖(ソン)ゆり：今日(きょう)は 土曜日(どようび)ですから。。。

石　井(いしい)：そうですね。

小林(こばやし)さん、ここで 写真(しゃしん)は どうですか。

小　林(こばやし)：はい、いいですね。

ゆりさん、すみませんが お願(ねが)いします。

聖(ソン)ゆり：はい、いいですよ。

小林(こばやし)・石井(いしい)：どうも。

제7과

사람들이 많이 있군요.

성 유 리 : 민속촌입니다.

고바야시 : 와… 사람들이 많이 있군요.

성 유 리 : 오늘은 토요일이라서…

이 시 이 : 그렇군요.
고바야시씨, 여기에서 사진은 어떻습니까?

고바야시 : 예. 좋지요.
유리씨, 죄송합니다만 부탁해요.

성 유 리 : 예, 좋아요.

고바야시 · 이시이 : 감사합니다.

메모

새단어あたらしいことば

~が〔~이/~가/~만〕

へや〔방〕

社長(しゃちょう)〔사장〕

池(いけ)〔연못〕

人々(ひとびと)〔사람들〕

大勢(おおぜい)〔많이〕

鯉(こい)〔잉어〕

にわ〔뜰〕

犬(いぬ)〔개〕

いますね〔있군요〕

ガイド〔가이드〕

ロビー〔로비〕

写真(しゃしん)〔사진〕

山(やま)〔산〕

韓定食(かんていしょく)〔한정식〕

~ですから〔~이기 때문에〕

駅(えき)〔역〕

向(むこ)う〔건너편〕

どうですか〔어떻습니까?〕

ピザ〔피자〕

しゃぶしゃぶ〔샤브샤브〕

いいですよ〔좋아요〕

うどん〔우동〕

コーラー〔콜라〕

すみませんが〔죄송합니다만〕

すし〔초밥〕

自転車(じてんしゃ)〔자전거〕

一台(いちだい)〔한 대〕

体(からだ)のぐあい〔몸 상태〕

足(あし)の痛(いた)み〔다리통증〕

定食(ていしょく)〔정식〕

ミンソッチョン〔민속촌〕

にちようび 日曜日 일요일	げつようび 月曜日 월요일	かようび 火曜日 화요일	すいようび 水曜日 수요일
もくようび 木曜日 목요일	きんようび 金曜日 금요일	どようび 土曜日 토요일	

시기 표현(時期(じき)の表現(ひょうげん))

おととい 一昨日 그저께	きのう 昨日 어제	きょう 今日 오늘
あした 明日 내일	あさって 明後日 모레	まいにち 毎日 매일
せんせんしゅう 先々週 지지난주	せんしゅう 先週 지난주	こんしゅう 今週 이번주
らいしゅう 来週 다음주	さらいしゅう 再来週 다다음주	まいしゅう 毎週 매주
せんせんげつ 先々月 지지난달	せんげつ 先月 지난달	こんげつ 今月 이번달
らいげつ 来月 다음달	さらいげつ 再来月 다다음달	まいつき まいげつ 毎月 매월
おととし 一昨年 재작년	きょねん 去年 작년	ことし 今年 금년, 올해
らいねん 来年 내년	さらいねん 再来年 내후년	まいとし まいねん 毎年 매년

신체부위 명칭

からだ(体)〔몸〕	くび(首)〔목〕
しんちょう(身長)〔신장〕	かた(肩)〔어깨〕
あたま(頭)〔머리〕	むね(胸)〔가슴〕
かお(顔)〔얼굴〕	うで(腕)〔팔〕
め(目)〔눈〕	て(手)〔손〕
みみ(耳)〔귀〕	こし(腰)〔허리〕
くち(口)〔입〕	ひざ(膝)〔무릎〕
は(歯)〔치아〕	あし(足)〔다리〕

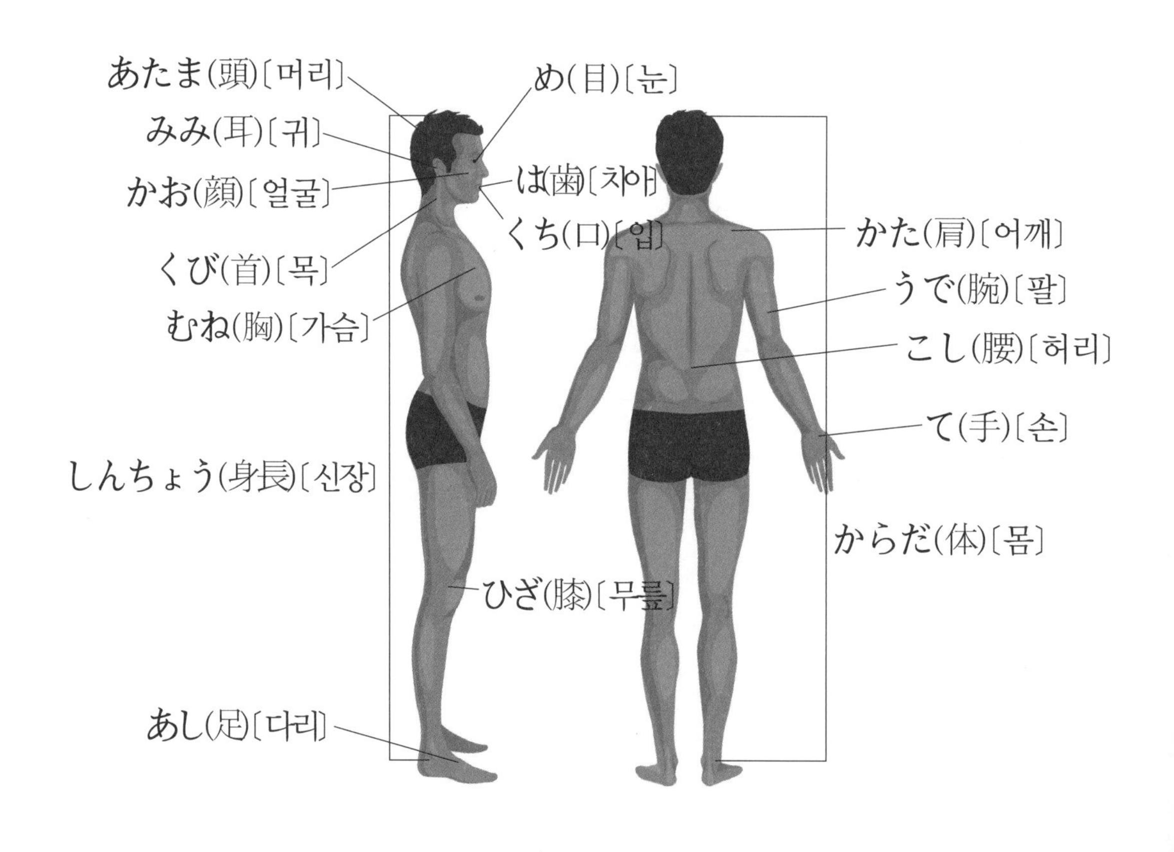

문법 & 연습(ぶんぽう & れんしゅう)

잠깐! 문법학습

人々が おおぜい いますね。(사람들이 많군요.)

- 人々는 사람들을 말하며 조사 が는 앞에 오는 단어에 따라서 ~이/~가로 해석된다.
- おおぜい는 많다는 뜻이며 います(있습니다)는 동사 いる(있다)를 정중형으로 표현한 것이다. 일반적으로 생물체를 대상으로 할 경우 います를 사용한다.
- ~いますか(~있습니까?)라는 의문문에서는 긍정일 경우는 ~います(~있습니다)로, 부정일 경우는 ~いません(없습니다)으로 표현한다.

1. 다음 문장을 연습해 보자.

(1) 部屋(へや)に 誰(だれ)が いますか。(방에 누가 있습니까?)

(2) 社長(しゃちょう)は どこに いますか。(사장님은 어디에 있습니까?)

(3) 池(いけ)に 鯉(こい)が います。(연못에 잉어가 있습니다.)

(4) 庭(にわ)に 犬(いぬ)が います。(뜰에 개가 있습니다.)

2. 다음 밑줄 친 부분에 います 또는 あります를 쓰시오.

(1) ガイドは あそこに（____________________ 있습니다.）

(2) ロビーに 電話(でんわ)が（____________________ 있습니다.）

(3) きむらさんは どこに（____________________ 있습니까?）

(4) 地下鉄(ちかてつ)の駅(えき)は デパートの むこうに

（________________________ 있습니다.）

(5) 駅(えき)のまえに 自転車(じてんしゃ)は 一台(いちだい)も（__________________ 없었습니다.）

(6) たなかさんは 事務室(じむしつ)に（______________________ 없었습니다.）

(7) バスのなかに 何人(なんにん)（______________________ 있었습니까?）

写真(しゃしん)は どうですか。(사진은 어떻습니까?)

- どうですか(어떻습니까?)는 상대방의 의견을 물을 때 사용되며, 대부분 앞의 문장에 이어지는 조사는 ~は(은/는)가 된다.
- 활용 범위는 장소, 물건, 동물 등 다양하며 광범위하다.

3. 다음 문장을 연습해 보자.

(1) これは どうですか。(이것은 어떻습니까?)

(2) ブサンは どうですか。(부산은 어떻습니까?)

(3) 山(やま)は どうですか。(산은 어떻습니까?)

(4) 韓定食(かんていしょく)は どうですか。(한정식은 어떻습니까?)

4. **보기와 같이 ~は どうですか로 작성하시오.**

보 기

ピザ ⇨ ピザは どうですか。(피자는 어떻습니까?)

(1) 日本(にほん)

⇨ ______________________

(2) 体(からだ)のぐあい

⇨ ______________________

(3) 足(あし)の痛(いた)み

⇨ ______________________

(4) 定食(ていしょく)

⇨ ______________________

(5) すし

⇨ ______________________

5. 다음 (　　)의 우리말을 일본어로 쓰시오.

聖(ソン)ゆり：＿＿＿＿＿です。(민속촌)

小　林(こばやし)：わ。。＿＿＿＿＿大勢(おおぜい)いますね。(사람들이)

聖(ソン)ゆり：＿＿＿＿＿土曜日(どようび)ですから。。。(오늘은)

石　井(いしい)：そうですね。

小林(こばやし)さん、＿＿＿＿ 写真(しゃしん)は どうですか。(여기에서)

小　林(こばやし)：はい。＿＿＿＿＿。(좋군요.)

ゆりさん、＿＿＿＿＿＿ お願(ねが)いします。(죄송합니다만)

聖(ソン)ゆり：はい、いいですよ。

小林(こばやし)・石井(いしい)：どうも。。。。

だいはっか
第8課

おいしいですね。

맛있군요.

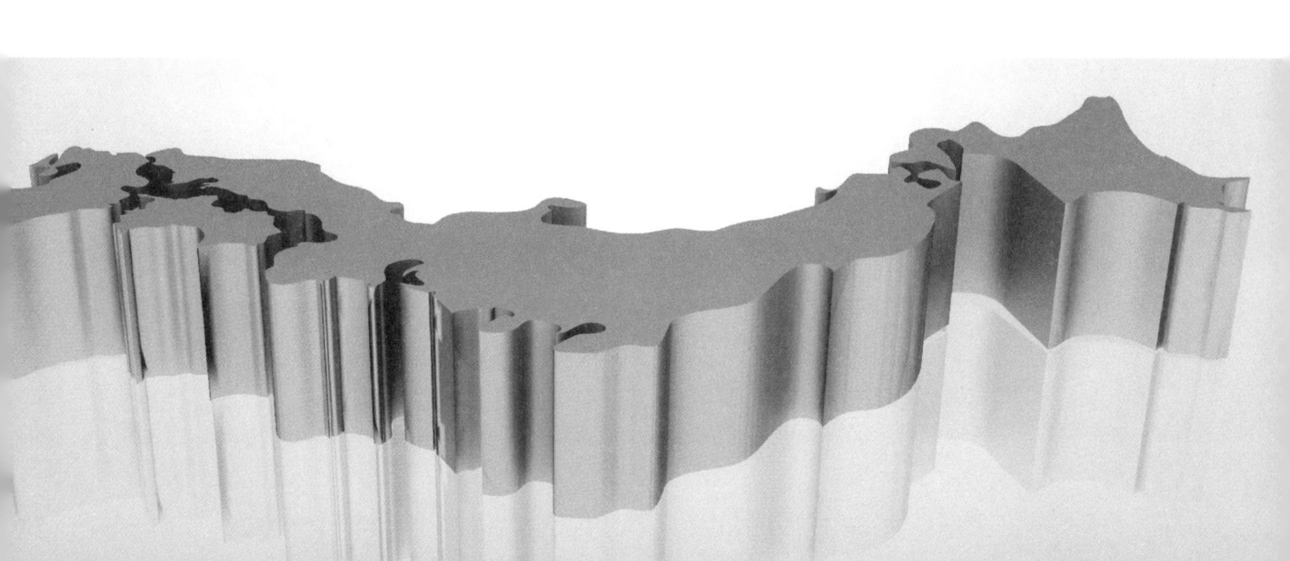

第8課

おいしいですね。

小　林(こばやし)：これは おいしいですね。

石　井(いしい)：うん。。。 とても おいしいですね。

聖(ソン)ゆり：キムチ鍋(なべ)は どうですか。

小　林(こばやし)：キムチ鍋(なべ)ですか。辛(から)いですか。

聖(ソン)ゆり：はい、少(すこ)し 辛(から)いですね。

小　林(こばやし)：そうですか。石井(いしい)さん、良(い)いですか。

石　井(いしい)：ええ。。。 良(い)いですよ。

小　林(こばやし)：うん。。。 この 鍋(なべ)も とても おいしいですね。

石　井(いしい)：ええ。。。 そうですね。

제8과

맛있군요.

고바야시 : 이것은 매우 맛있군요.

이 시 이 : 음… 매우 맛있네요.

성 유 리 : 김치 찌개는 어떻습니까?

고바야시 : 김치 찌개요? 맵습니까?

성 유 리 : 예, 조금 매워요.

고바야시 : 그래요? 이시이씨 좋습니까?

이 시 이 : 에에… 좋아요.

고바야시 : 음… 이 찌개도 매우 맛있군요.

이 시 이 : 에에… 그렇군요.

메모

새단어あたらしいことば

どうですか〔어떻습니까?〕

飴(あめ)〔사탕〕

空港(くうこう)〔공항〕

からい〔맵다〕

冬(ふゆ)〔겨울〕

夏(なつ)〔여름〕

少(すこ)し〔조금〕

家(うち)〔집〕

ラーメン〔라면〕

そうですか。〔그렇군요〕

(お)かし〔과자(관용적인 표현으로 お를 붙임)〕

いいですよ〔좋군요〕

りょうり〔요리〕

タクシー〔택시〕

とても〔매우〕

鍋(なべ)〔찌개〕

帽子(ぼうし)〔모자〕

手袋(てぶくろ)〔장갑〕

天井(てんじょう)〔천장〕

皿(さら)〔접시〕

学校(がっこう)〔학교〕

食(た)べる〔먹다〕

カレーライス〔카레라이스〕

マート〔마트〕

キムチ〔김치〕

문법 & 연습(ぶんぽう & れんしゅう)

잠깐! 문법학습

辛(から)いですか。(맵습니까?)

とても おいしいですね。(매우 맛있군요.)

■ からい(맵다)와 おいしい(맛있다)는 い형용사이며 정중형 표현은 형용사 기본형에 긍정이면 です(입니다)를, 의문이면 ですか(입니까?)를 붙인다.

여러 가지 い형용사

おいしい(美味しい)	맛있는	まずい(不味い)	맛없는
からい(辛い)	매운	あまい(甘い)	단(달다)
さむい(寒い)	추운	あつい(暑い)	더운
うすい(薄い)	엷은	あつい(厚い)	두꺼운
つめたい(冷たい)	차가운	あつい(熱い)	뜨거운
すずしい (涼しい)	시원한	はだざむい(肌寒い)	쌀쌀한
たかい(高い)	비싼/높은	やすい(安い)	싼(싸다)
ちかい(近い)	가까운	とおい(遠い)	먼(멀다)
ひろい(広い)	넓은	せまい(狭い)	좁은
はやい(早い)	빠른	おそい(遅い)	느린
おもしろい(面白い)	재미있는	つまらない	재미없는
たのしい(楽しい)	즐거운	いそがしい(忙しい)	바쁜
いい · よい(良い)	좋은	わるい(悪い)	나쁜
むずかしい(難しい)	어려운	やさしい(易しい)	쉬운
しろい(白い)	흰	くろい(黒い)	검은
あかい(赤い)	붉은	あおい(青い)	파란
きいろい(黄色い)	노랑	ない(無い)	없는/아닌
ながい(長い)	긴(길다)	みじかい(短い)	짧은

1. 다음 문장을 연습해 보자.

(1) キムチは 辛(から)いですか。(김치는 맵습니까?)

(2) 飴(あめ)は 甘(あま)いです。(사탕은 답니다.)

(3) 空港(くうこう)は 遠(とお)いですか。(공항은 멉니까?)

(4) 韓国(かんこく)の 冬(ふゆ)は 寒(さむ)いです。(한국의 겨울은 춥습니다.)

잠깐! 문법학습

おいしい キムチ鍋(なべ)は どうですか。
(맛있는 김치 찌개는 어떻습니까?)

■ い형용사가 명사 김치なべ를 수식한다.
이러한 경우 い형용사는 문법상 변형 없이 사용한다.

2. 다음 い형용사의 명사 수식을 연습해 보자.

(1) おいしい おかし (맛있는 과자)

(2) せまい へや (좁은 방)

(3) あかい かばん (빨간 가방)

(4) あおい バス (파란 버스)

3. 다음을 보기와 같이 문장을 만드시오.

보 기

美味(おい)しい、料理(りょうり) ⇨ 美味(おい)しい料理(りょうり)は どうですか。
(맛있는 요리는 어떻습니까?)

(1) 広(ひろ)い、部屋(へや)

⇨ ______________________________

(2) 面白(おもしろ)い、雑誌(ざっし)

⇨ ______________________________

(3) 早(はや)い、タクシー

⇨ ______________________________

(4) 安(やす)い、靴(くつ)

⇨ ______________________________

(5) 黒(くろ)い、靴(くつ)

⇨ ______________________________

(6) 冷(つめ)たい、水(みず)

⇨ ______________________________

(7) 黄色(きいろ)い、帽子(ぼうし)

⇨ ______________________________

(8) 小(ち)さい、手袋(てぶくろ)

⇨ ______________________________

(9) 熱(あつ)い、ミルクティー

⇨ ______________________________

(10) 辛(から)い、カレーライス

⇨ ______________________________

잠깐! 문법학습

辛(から)く ありません(ないんです)。(맵지 않습니다.)

- い형용사의 부정문은 기본형의 ~い를 ~く로 변형하고 ~ありません(없습니다)을 연결한다. ~く ありません은 ~하지 않습니다로 해석된다.
- 부정 의문문으로는 ~く ありません에 의문형 か를 붙여서 ~く ありませんか(하지 않습니까?)로 표현하게 된다.
- ~く ないんです(~하지 않습니다)나 ~く ないんですか(~하지 않습니까?)로도 사용한다.

4. 다음을 보기와 같이 부정문과 의문문으로 고치시오.

보 기

このジュースは 甘(あま)いです。(이 주스는 답니다.)
⇨ ① このジュースは 甘く ないです。 (이 주스는 달지 않습니다.)
⇨ ② このジュースは 甘く ないですか。(이 주스는 달지 않습니까?)

(1) 今日(きょう)は 寒(さむ)いです。(오늘은 춥습니다.)

⇨ ① ______________________

⇨ ② ______________________

(2) これは 高(たか)いです。(비쌉니다.)

⇨ ① ______________________

⇨ ② ______________________

(3) しゃぶしゃぶは 美味(おい)しいです。(맛있습니다.)

⇨ ① ______________________________

⇨ ② ______________________________

(4) デパートは 遠(とお)いです。(멉니다.)

⇨ ① ______________________________

⇨ ② ______________________________

(5) そのビルは 広(ひろ)いです。(그 빌딩은 넓습니다.)

⇨ ① ______________________________

⇨ ② ______________________________

(6) 空港(くうこう)は 遠(とお)いです。(공항은 멉니다.)

⇨ ① ______________________________

⇨ ② ______________________________

(7) 映画(えいが)は 楽(たの)しいです。(영화는 즐겁습니다.)

⇨ ① ______________________________

⇨ ② ______________________________

(8) 休日(きゅうじつ)は 忙(いそが)しいです。(휴일은 바쁩니다.)

⇨ ① ______________________________

⇨ ② ______________________________

(9) しろい皿(さら)は 軽(かる)いです。(흰 접시는 가볍습니다.)

⇨ ① ______________________________

⇨ ② ______________________________

(10) 天井(てんじょう)は 高(たか)いです。(천장은 높습니다.)

⇨ ① ______________________________

⇨ ② ______________________________

5. 다음 문장을 일본어로 쓰시오.

(1) 무엇을 먹습니까?

⇨ ______________________________

(2) 찌개는 어떻습니까?

⇨ ______________________________

(3) 매운가요?

⇨ ______________________________

(4) 조금 맵군요.

⇨ ______________________________

(5) 매우 맛있군요.

⇨ ______________________________

(6) 한국의 겨울은 추웠나요?

⇨ ______________________________

(7) 마트는 멀었습니다.

⇨ ______________________________

(8) 학교는 멀지 않았습니까?

⇨ ______________________________

(9) 저희 집은 매우 멀었습니다.

⇨ ______________________________

(10) 약속은 어느 정도 늦었나요?

⇨ ______________________________

だいきゅうか
第9課

楽(たの)しかったんです。

즐거웠어요.

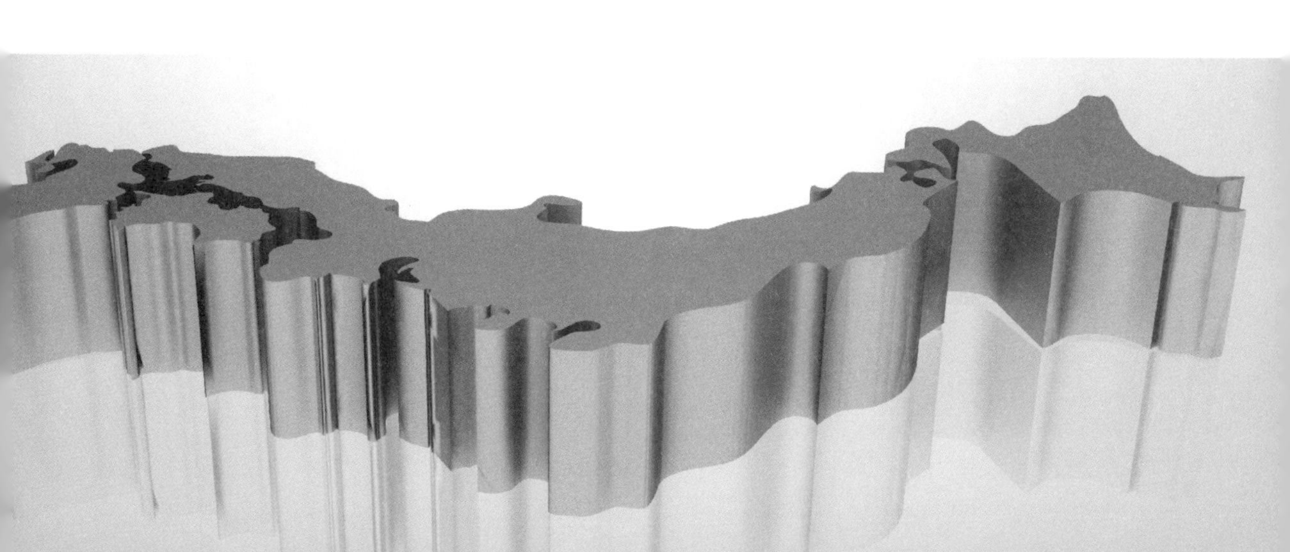

第9課

楽(たの)しかったんです。

聖(ソン)ゆり：ブサンは　どうでしたか。

小　林(こばやし)：ええ、とても　楽(たの)しかったんです。

石　井(いしい)：さしみも　おいしかったですね。

聖(ソン)ゆり：良(よ)かったですね。

小　林(こばやし)：ゆりさん、あの　ゴルフ場(じょう)　も　良(い)いですね。

聖(ソン)ゆり：はい、あそこは　人気(にんき)が　ありますね。

石　井(いしい)：休日(きゅうじつ)は　ありますか。

聖(ソン)ゆり：いいえ、年中無休(ねんじゅうむきゅう)　です。

石　井(いしい)：良(い)いですね。。。

제9과

즐거웠어요.

성 유 리 : 부산은 어떠했습니까?

고바야시 : 에에, 매우 즐거웠어요.

이 시 이 : 회도 맛있었어요.

성 유 리 : 다행이군요.

고바야시 : 유리씨, 그 골프장도 좋네요.

성 유 리 : 예, 그곳은 인기가 있지요.

이 시 이 : 휴일은 있나요?

성 유 리 : 아니요. 연중 무휴입니다.

이 시 이 : 괜찮네요…

메모

새단어 あたらしいことば

どうでしたか〔어떠했습니까?〕

人気(にんき)〔인기〕

たのしかったんです〔즐거웠습니다.〕

休日(きゅうじつ)〔휴일〕

おいしかったですね〔맛있었네요.〕

さしみ〔회〕

良(よ)かったですね〔다행이군요.〕

鍋(なべ) 料理(りょうり)〔찌개요리〕

ゴルフ場(じょう)〔골프장〕

年中無休(ねんじゅうむきゅう)〔연중무휴〕

汽車(きしゃ)〔기차〕

レモン〔레몬〕

マート〔마트〕

ネギラーメン〔파 라면〕

サンドイッチ〔샌드위치〕

トマト〔토마토〕

エアコン〔에어컨〕

ブサン〔부산〕

3泊4日間(さんぱくよっかかん)〔3박 4일간〕

事務室(じむしつ)〔사무실〕

문법 & 연습(ぶんぽう & れんしゅう)

잠깐! 문법학습

楽(たの)しかった(ん)です。(즐거웠어요.)

- い형용사의 과거형이다.
- たのしい(즐겁다)에서 い를 かった(했다)로 바꾸면 즐거웠다가 되고, 정중한 표현으로 です를 붙인다.
- 회화체에서는 ん을 많이 사용하게 된다.
- ~かったです(~했습니다)를 ~でした로 표현할 수 있다. 이 경우에는 형용사 기본형을 그대로 사용하고 でした를 붙여 たのしいでした로 한다.
- 아랫사람이나 친근한 사이에서는 です를 생략하고 たのしかった라는 표현을 사용하기도 한다.
- ~ん은 회화체에서 발음상 부드럽게 하기 위해 사용한다.

  예 : とても たのしかったんです。

1. 다음 문장을 연습해 보자.

(1) ブサンは 楽(たの)しかった(ん)です。(부산은 즐거웠습니다.)

⇨ ブサンは 楽しいでした。

(2) 韓定食(かんていしょく)は おいしかった(ん)です。(한정식은 맛있었습니다.)

⇨ 韓定食は おいしいでした。

(3) 昨日(きのう)は 暑(あつ)かった(ん)です。(어제는 더웠습니다.)

⇨ 昨日は 暑いでした。

(4) 部屋(へや)は 広(ひろ)かった(ん) です。(방은 넓었습니다.)

⇨ 部屋は 広いでした。

2. 다음 문장을 보기와 같이 변형하시오.

보 기

ブサンは 楽(たの)しいです。(부산은 즐겁습니다.)
⇨ ① ブサンは 楽しかった(ん)です。(부산은 즐거웠습니다.)
⇨ ② ブサンは 楽しいでした。

(1) さしみは 美味(おい)しいです。(회는 맛있습니다.)

⇨ ① ______________________

⇨ ② ______________________

(2) 汽車(きしゃ)は 長(なが)いです。(기차는 깁니다.)

⇨ ① ______________________

⇨ ② ______________________

(3) ○○レストランは 広(ひろ)いです。(○○레스토랑은 넓습니다.)

⇨ ① ______________________________

⇨ ② ______________________________

(4) 鍋料理(なべりょうり)は 熱(あつ)いです。(찌개요리는 뜨겁습니다.)

⇨ ① ______________________________

⇨ ② ______________________________

(5) ○○マートは 遠(とお)いです。(○○마트는 멉니다.)

⇨ ① ______________________________

⇨ ② ______________________________

3. 다음 문장을 보기와 같이 변형하고 한국어로 해석하시오.

보 기

すきやきは 美味(おい)しいでした。(스끼야끼는 맛있었습니다.)

⇨ すきやきは おいしくなかったです。(스끼야끼는 맛이 없었습니다.)

(1) 私(わたし)の家(いえ)は 遠(とお)いでした。

⇨ ______________________________

(2) ネギラーメンは 辛(から)いでした。

⇨ ______________________________

(3) サンドイッチは 甘(あま)いでした。

⇨ ______________________________

(4) 朝(あさ)、9時(くじ)のバスは 遅(おそ)いでした。

⇨ ______________________________

(5) トマトは 美味(おい)しいでした。

⇨ ______________________________

잠깐! 문법학습

- たのしくないでした는 たのしくなかったです。(즐겁지 않았습니다)의 단축형이다.
- 여기에서 ない(아닌)도 い형용사이므로 ~かった공식을 사용할 수 있다.

4. 다음 밑줄 친 부분에 적당한 조사를 쓰시오.

聖(ソン)ゆり：ブサン___ どうでしたか。

小林(こばやし)：ええ、とても 楽(たの)しかったんです。

石井(いしい)：さしみ___ おいしかったですね。

聖(ソン)ゆり：良(よ)かったですね。

小林(こばやし)：ゆりさん、あの ゴルフ場(じょう)___ 良(い)いですね。

聖(ソン)ゆり：はい、あそこ___ 人気(にんき)___ ありますね。

石井(いしい)：休日(きゅうじつ) ___ ありますか。

聖(ソン)ゆり：いいえ、年中無休(ねんじゅうむきゅう)です。

石井(いしい)：良(い)いですね。。。

5. **다음 문장을 일본어로 쓰시오.**

(1) 여행은 어떠했습니까?

⇨ ______________________________

(2) 3박 4일간 즐거웠습니다.

⇨ ______________________________

(3) 요리는 맛있었습니다.

⇨ ______________________________

(4) 다행이군요.

⇨ ______________________________

(5) 바다는 좋았습니까?

⇨ ______________________________

(6) 그곳은 인기가 있습니다.

⇨ ______________________________

(7) 휴일도 있었나요?

⇨ ____________________

(8) 연중무휴입니다.

⇨ ____________________

(9) 에어컨은 있었나요?

⇨ ____________________

(10) 그 사무실은 좁지 않았습니까?

⇨ ____________________

だいじゅっか
第10課

近くて良いですね。

(ruby: 近 = ちか, 良 = い)

가까워서 좋군요.

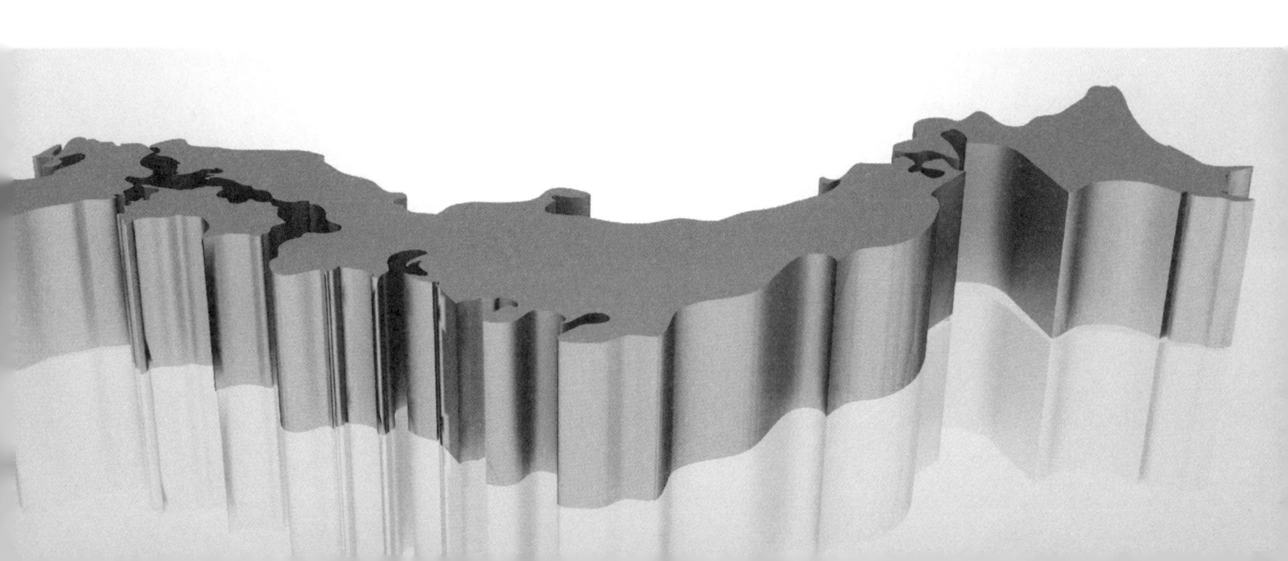

第10課 近(ちか)くて 良(い)いですね。

小林(こばやし)：今日(きょう)も いい天気(てんき)ですね。

石井(いしい)：今日(きょう)は キョンボッグンですか。

聖(ソン)ゆり：はい、そうです。

小林(こばやし)：どの ぐらい かかりますか。

聖(ソン)ゆり：ここから 10分(じゅっぷん)ぐらいです。

小林(こばやし)：近(ちか)くて 良(い)いですね。

石井(いしい)：ゆりさん、インサドンは 遠(とお)いんですか。

聖(ソン)ゆり：いいえ、そこも 近(ちか)いんですよ。

石井(いしい)：そうですか。

それじゃ インサドンもいきましょう。

聖(ソン)ゆり：良(い)いですよ。

제10과

가까워서 좋군요.

고바야시 : 오늘도 좋은 날씨군요.

이 시 이 : 오늘은 경복궁인가요?

성 유 리 : 예, 그렇습니다.

고바야시 : 어느 정도 걸리나요?

성 유 리 : 여기부터 10분 정도입니다.

고바야시 : 가까워서 좋군요.

이 시 이 : 유리씨, 인사동은 멉니까?

성 유 리 : 아니요, 그곳도 가까워요.

이 시 이 : 그래요? 그럼, 그곳도 갈까요?

성 유 리 : 좋습니다.

메모

새단어あたらしいことば

いい天気(てんき)〔좋은 날씨〕

そこも〔그곳도〕

地下鉄(ちかてつ)〔지하철〕

近(ちか)くて〔가깝고/가까워서〕

あまい〔달다〕

すきやき〔스끼야끼〕

遠(とお)いんですか〔멉니까?〕

近(ちか)いんです〔가깝습니다〕

ラーメン〔라면〕

バナナ〔바나나〕

行(い)きましょう〔갈까요?〕

とんかつ〔돈가스〕

湖(みずうみ)〔호수〕

インサドン〔인사동〕

キムチ〔김치〕

紙(かみ)〔종이〕

厚(あつ)い〔두꺼운〕

果物(くだもの)〔과일〕

滑走路(かっそうろ)〔활주로〕

机(つくえ)〔책상〕

大(おお)きい〔큰〕

キョンボッグン〔경복궁〕

문법 & 연습(ぶんぽう & れんしゅう)

잠깐! 문법학습

近(ちか)くて 良(い)いですね。(가깝고 좋군요.)

- い형용사 2개를 연결하는 방법으로 ~하고(~くて), ~해서라는 뜻을 만든다.
- い형용사 ちかい(가깝다)와 いい(좋다)를 한 문장으로 연결할 때에는 앞의 형용사 기본형인 ちかい(가깝다)에서 い를 くて로 변형하여 ちかくて로 한다. 이어서 いい와 정중한 표현 です를 연결하면 ちかくて いいです가 된다.
- 문장 마지막에 오는 ね(~요, ~군요)는 종조사로 회화체에서 많이 사용된다.
- ~ん은 회화체에서 발음상 부드럽게 하기 위해 사용한다.

예 : とおい<u>ん</u>ですか。

1. 다음 문장을 연습해 보자.

(1) これは 安(やす)くて 良(よ)いですね。(이것은 싸고 좋군요.)

(2) キムチは 辛(から)くて 美味(おい)しいですね。(김치는 맵고 맛있군요.)

(3) ラーメンは 美味(おい)しくて 安(やす)いですね。
(라면은 맛있고 싸군요.)

(4) 地下鉄(ちかてつ)は 早(はや)くて 安(やす)いですね。(지하철은 빠르고 싸군요.)

(5) 赤(あか)いりんごは 甘(あま)くて 美味(おい)しいです。
(빨간 사과는 달고 맛있습니다.)

2. 다음을 보기와 같이 작성하시오.

보 기

これは 安(やす)いです。良(い)いです。(이것은 쌉니다. 좋습니다.)

⇨ これは 安(やす)くて 良(い)いです。(이것은 싸고(싸서) 좋습니다.)

(1) 家(いえ)は 近(ちか)いです。良(い)いです。

⇨ ______________________________

(2) バナナは 安(やす)いです。甘(あま)いです。

⇨ ______________________________

(3) とんかつは 辛(から)いです。美味(おい)しいです。

⇨ ______________________________

(4) 机(つくえ)は 高(たか)いです。大(おお)きいです。

⇨ ______________________________

(5) バス料金(りょうきん)は 安(やす)いです。良(い)いです。

⇨ ______________________________

잠깐! 문법학습

たかくて よく ありません(ないんです)。(비싸고 좋지 않습니다.)

- 형용사를 2문장 연결하며 부정을 표현한다.
- たかい(비싸다)에서 い를 ~고의 뜻으로 바꾸기 위해 くて로 변형하고 よく는 부정형으로 변형하기 위해 い를 く로 바꾼다.
  여기에 ありません을 붙여 よく ありません(좋지 않습니다)이 된다.
- いい(좋다)를 부정형으로 할 때에는 よい(좋다) 형용사를 사용한다.
- 형용사 두 개 모두를 부정으로 변형 시에는 たかくなくて よくありません(よくないんです) 비싸지 않고 좋지 않습니다가 된다.
- 과거형은 たかくなくて よくありませんでした(よくないんでした) 비싸지 않고(않았고) 좋지 않았습니다가 된다.
- ~ん은 회화체에서 발음상 부드럽게 하기 위해 사용한다.

3. 다음 문장을 연습해 보자.

(1) 高(たか)くて 美味(おい)しく ありません。(비싸고 맛있지 않습니다.)

⇨ 高(たか)くて 美味(おい)しく ない(ん)です。

(2) 暑(あつ)くて 良(よ)く ありません。(덥고 좋지 않습니다.)

⇨ 暑(あつ)くて 良(よ)く ない(ん)です。

(3) 辛(から)くて 美味(おい)しく ありませんでした。(맵고 맛있지 않았습니다.)

⇨ 辛(から)くて 美味(おい)しく ない(ん)でした。

(4) 軽(かる)くて 高(たか)く ありませんでした。(가볍고 비싸지 않았습니다.)

⇨ 軽(かる)くて 高(たか)くない(ん)でした。

4. 다음을 보기와 같이 작성하시오.

보 기

そこは 広(ひろ)いです。近(ちか)いです。(그곳은 넓습니다. 가깝습니다.)

⇨ ① そこは 広(ひろ)くなくて 近(ちか)くありません。(그곳은 넓지 않고 가깝지 않습니다.)

⇨ ② そこは 広くなくて 近くない(ん)です。

(1) 湖(みずうみ)は 狭(せま)いです。遠(とお)いです。

⇨ ① ______________________________

⇨ ② ______________________________

(2) 地下鉄(ちかてつ)は 遅(おそ)いです。高(たか)いです。

⇨ ① ______________________________

⇨ ② ______________________________

(3) 滑走路(かっそうろ)は 遠(とお)いです。悪(わる)いです。

⇨ ① ______________________________

⇨ ② ______________________________

(4) 市場(いちば)は 近(ちか)いです。広(ひろ)いです。

⇨ ① ______________________________

⇨ ② ______________________________

(5) この紙(かみ)は 厚(あつ)いです。高(たか)いです。

⇨ ① ______________________________

⇨ ② ______________________________

(6) ご飯(はん)は 熱(あつ)いです。美味(おい)しいです。

⇨ ① ______________________________

⇨ ② ______________________________

(7) コーヒーは甘(あま)いです。冷(つめ)たいです。

⇨ ① ______________________

⇨ ② ______________________

5. 다음 빈칸을 보기에서 적당한 단어로 채우시오.

보 기

① 遠(とお)い ② 美味(おい)しい ③ 甘(あま)い ④ 安(やす)い ⑤ 近(ちか)い ⑥ 暑(あつ)い ⑦ まずい

(1) 遠(とお)く ありません。(　　　　　　)です。(가까운)

(2) まずく ありません。(　　　　　　)です。(맛있는)

(3) 辛(から)く ありません。(　　　　　　)です。(단)

(4) 寒(さむ)く ありません。(　　　　　　)です。(더운)

6. 다음 밑줄 친 부분에 적당한 조사를 쓰시오.

小林(こばやし)：今日(きょう)___ いい天気(てんき)ですね。

石井(いしい)：今日(きょう)___ キョンボッグンですか。

聖(ソン)ゆり：はい、そうです。

小林(こばやし)：どの ぐらい かかりますか。

聖(ソン)ゆり：ここ______ 10分(じゅっぷん)ぐらいです。

小林(こばやし)：近(ちか)くて 良(い)いですね。

石井(いしい)：ゆりさん、インサドンは 遠(とお)いんですか。

聖(ソン)ゆり：いいえ、そこ ___ 近(ちか)いんですよ。

石井(いしい)：そうですか。それじゃ インサドンもいきましょう。

聖(ソン)ゆり：良(い)いですよ。

7. **다음 문장을 일본어로 쓰시오.**

(1) 좋은 날씨군요.

⇨ ____________________

(2) 오늘은 경복궁이군요.

⇨ ____________________

(3) 어느 정도 걸리나요?

⇨ ____________________

(4) 가깝고 좋군요.

⇨ ____________________

(5) 인사동은 먼가요?

⇨ ____________________

(6) 이것은 싸지 않고 좋지 않았어요.

⇨ ____________________

(7) 이 방은 좁지 않고 비싸지 않았어요.

⇨ ______________________________

(8) 과일은 달지 않았고 맛있지 않았어요.

⇨ ______________________________

(9) 그 산은 멀지 않고 높지 않았군요.

⇨ ______________________________

(10) 기차역 앞의 호텔은 크지 않아서 좋지 않았군요.

⇨ ______________________________

だいじゅういっか
第11課

親切(しんせつ)な 人(ひと)ですね。

친절한 사람이군요.

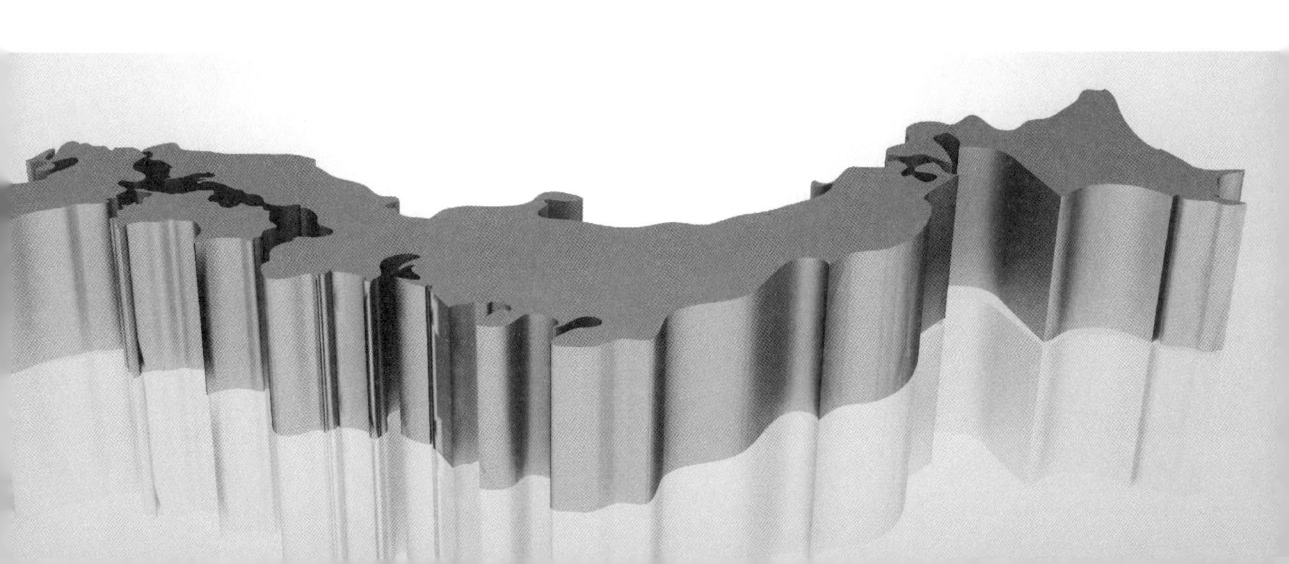

第11課 親切(しんせつ)な 人(ひと)ですね。

石井(いしい)：すみません、○○デパートは どこですか。

他人(たにん)：あそこの 右側(みぎがわ)に あります。

歩(ある)いて 五分(ごふん)ぐらいですが。。。

石井(いしい)：そうですか。有難(ありがと)うございます。

他人(たにん)：いいえ。

小林(こばやし)：親切(しんせつ)な 人(ひと)ですね。

石井(いしい)：韓国(かんこく)の 人々(ひとびと)は 皆(みな)、親切(しんせつ)ですね。

小林(こばやし)：ええ。そうですね。

あ、○○デパートです。

石井(いしい)：わ～、綺麗(きれい)で 立派(りっぱ)ですね。

제11과

친절한 사람이군요.

이 시 이 : 죄송합니다. ○○백화점은 어디입니까?

타　　인 : 저쪽 오른편에 있습니다.

걸어서 5분 정도입니다만…

이 시 이 : 그렇습니까? 감사합니다.

타　　인 : 아닙니다.

고바야시 : 친절한 사람이군요.(친절하시군요.)

이 시 이 : 한국 사람들은 모두 친절하군요.

고바야시 : 에에… 그렇군요.

아, ○○백화점입니다.

이 시 이 : 와~ 깨끗하고 훌륭하네요.

메모

새단어 あたらしいことば

デパート〔백화점〕

観光地(かんこうち)〔관광지〕

所(ところ)〔장소(곳)〕

りっぱだ〔훌륭하다〕

コーヒーショップ〔커피숍〕

ラーメン〔라면〕

建物(たてもの)〔건물〕

右側(みぎがわ)〔오른쪽〕

親切(しんせつ)な 人々(ひとびと)〔친절한 사람들〕

皆(みな)〔모두〕

店(みせ)〔가게〕

ゆうめいだ〔유명〕

日本語(にほんご)〔일본어〕

じょうずだ〔능숙하다〕

左側(ひだりがわ)〔왼쪽〕

話(はな)し〔이야기〕

公園(こうえん)〔공원〕

お祖母(ばあ)さん〔할머니〕

甘(あま)い物(もの)〔단 것〕

真面目(まじめ)だ〔성실하다〕

周辺(しゅうへん)〔주변〕

海(うみ)〔바다〕

商店街(しょうてんがい)〔상점가〕

문법 & 연습(ぶんぽう & れんしゅう)

잠깐! 문법학습

- な형용사를 형용동사라고도 한다. な형용사라는 표현은 명사를 수식할 때 だ를 な로 변형하는 데서 붙여진 말이다.
- 예를 들어, しんせつ는 しんせつだ(친절하다)로 끝나는 な형용사이다.
- 긍정 정중형으로 표현하기 위해서는 だ를 です(입니다)로, 종조사 표현을 할 경우에는 ですね(이군요)로 한다.
- 부정문은 です를 では ありません(じゃ ないです ~지 않습니다)이 된다.

여러 가지 な형용사 (형용동사)

親切(しんせつ)だ	친절하다	簡単(かんたん)だ	간단하다
静(しず)かだ	조용하다	有名(ゆうめい)だ	유명하다
便利(べんり)だ	편리하다	不便(ふべん)だ	불편하다
上手(じょうず)だ	능숙하다	下手(へた)だ	서툴다
好(す)きだ	좋아하다	嫌(きら)いだ	싫어하다
立派(りっぱ)だ	훌륭하다	素敵(すてき)だ	멋있다
賑(にぎ)やかだ	번화하다	綺麗(きれい)だ	예쁘다, 아름답다, 깨끗하다

1. 다음 문장을 연습해 보자.

(1) この 店(みせ)は 綺麗(きれい)です。(이 가게(점포)는 깨끗합니다.)

(2) あの 建物(たてもの)は 有名(ゆうめい)です。(저 건물은 유명합니다.)

(3) 李(イ)さんは 日本語(にほんご)が 上手(じょうず)です。(이씨는 일본어가 능숙합니다.)

(4) 韓国(かんこく)の料理(りょうり)が 好(す)きです。(한국요리가 좋습니다.)

2. 다음 문장을 보기와 같이 작성하시오.

보 기

この みせは きれいだ。(이 가게는 깨끗하다.)
⇨ この みせは きれいです。(이 가게는 깨끗합니다.)

(1) ガイドは 真面目(まじめ)だ。

⇨ ______________________________

(2) そのレストランは ゴージャスだ。

⇨ ______________________________

(3) ジェジュウドは 有名(ゆうめい)だ。

⇨ ______________________________

(4) ミョンドンは 賑(にぎ)やかだ。

⇨ ______________________________

3. 다음 문장 보기와 같이 부정문으로 변형하시오.

보 기

この 店(みせ)は 綺麗(きれい)だ。(이 가게는 깨끗하다.)

⇨ この みせは きれいでは ありません(じゃ ないです)。
(이 가게는 깨끗하지 않습니다.)

(1) その レストランは 有名(ゆうめい)だ。

⇨ ______________________________

(2) その 話(はな)しは 簡単(かんたん)だ。

⇨ ______________________________

(3) ○○駅(えき)は 便利(べんり)だ。

⇨ ______________________________

(4) お祖母(ばあ)さんは 甘(あま)い物(もの)が すきだ。

⇨ ______________________________

(5) ○さんは 立派(りっぱ)だ。

⇨ ______________________________

잠깐! 문법학습

親切(しんせつ)な 人(ひと)ですね。(친절한 사람이군요.)

- な형용사의 명사수식 표현이다.
- だ를 な로 고쳐 명사를 연결하고 정중형일 경우 です(입니다)를 붙인다.

4. 다음 문장을 연습해 보자.

(1) ここは 便利(べんり)な ところです。(여기는 편리한 곳(장소)입니다.)

(2) それは 素敵(すてき)な かばんです。(그것은 멋있는 가방입니다.)

(3) ミョンドンは 賑(にぎ)やかな まちです。

(명동은 번화한 지역입니다.)

(4) ミンソッチョンは 有名(ゆうめい)な 観光地(かんこうち)です。

(민속촌은 유명한 관광지입니다.)

5. 다음 문장을 보기와 같이 작성하시오.

보 기

コーヒーショップは 綺麗(きれい)です。(커피숍은 깨끗합니다.)

⇨ 綺麗(きれい)な コーヒーショップです。(깨끗한 커피숍입니다.)

(1) ラーメンは 有名(ゆうめい)です。

⇨ ______________________________

(2) 建物(たてもの)は 立派(りっぱ)です。

⇨ ______________________________

(3) ガイドは 真面目(まじめ)です。

⇨ ______________________________

(4) 日本(にほん)の料理(りょうり)は 好(す)きです。

⇨ ______________________________

(5) 大学(だいがく)の周辺(しゅへん)は 静(しず)かでした。

⇨ ______________________________

(6) ○○レストランの店員(てんいん)は 親切(しんせつ)でした。

⇨ ______________________________

(7) この 商店街(しょうてんがい)は 便利(べんり)でした。

⇨ ______________________________

잠깐! 문법학습

綺麗(きれい)で 立派(りっぱ)ですね。(깨끗하고 훌륭하군요.)

- な형용사 두 문장을 한 문장으로 만든다.
- だ를 で로 고쳐서 ~하고 로 변형하고 연결한다.
  정중형일 경우 です(입니다)를 붙인다.
- 명사수식 な형용사와도 연결할 수도 있다.

예 : ガイドは まじめで きれいな ひとです。
(가이드는 성실하고 예쁜 사람입니다.)

6. 다음 문장을 연습해 보자.

(1) ラーメンは 有名(ゆうめい)です。おいしいです。

(라면은 유명합니다. 맛있습니다.)

⇨ ラーメンは 有名(ゆうめい)で おいしいです。

(라면은 유명하고 맛있습니다.)

(2) ガイドは 綺麗(きれい)です。真面目(まじめ)です。

(가이드는 예쁩니다. 성실합니다.)

⇨ ガイドは 綺麗(きれい)で 真面目(まじめ)です。

(가이드는 예쁘고 성실합니다.)

(3) レストランは ゴージャスです。広(ひろ)いです。

(레스토랑은 호화롭습니다. 넓습니다.)

⇨ レストランは ゴージャスで 広(ひろ)いです。

(레스토랑은 호화롭고 넓습니다.)

7. 다음 문장을 보기와 같이 작성하시오.

보 기

ガイドは 真面目(まじめ)です。綺麗(きれい)な 人(ひと)です。(가이드는 성실합니다. 예쁜 사람입니다.)

⇨ ガイドは 真面目(まじめ)で 綺麗(きれい)な 人(ひと)です。(가이드는 성실하고 예쁜 사람입니다.)

(1) そのレストランは ゴージャスです。便利(べんり)な ところです。

⇨ ______________________________

(2) ジェジュウドは 観光地(かんこうち)です。有名(ゆうめい)な ところです。

⇨ ______________________________

(3) ソウルは 有名(ゆうめい)です。 賑(にぎ)やかな ところです。

⇨ ______________________________

8. 다음 밑줄 친 부분에 적당한 조사를 쓰시오.

石井(いしい)：すみません、○○デパート____どこですか。

他人(たにん)：あそこ____ 右側(みぎがわ) ____ あります。

歩(ある)いて 五分(ごふん)ぐらいですが。。。

石井(いしい)：そうですか。有難(ありがと)うございます。

他人(たにん)：いいえ。

小林(こばやし)：親切(しんせつ)な 人(ひと)ですね。

石井(いしい)：韓国(かんこく) ____ 人々(ひとびと)____ 皆(みな)、親切(しんせつ)ですね。

小林(こばやし)：ええ。そうですね。

あ、○○デパートです。

石井(いしい)：わ~、綺麗(きれい)で 立派(りっぱ)ですね。

9. 다음 문장을 일본어로 쓰시오.

(1) 오른쪽에 있습니다.

⇨ ....

(2) 걸어서 5분 정도입니다.

⇨ ______________________________

(3) 친절한 사람이군요.

⇨ ______________________________

(4) 제주도는 관광지이며 유명한 곳(장소)입니다.

⇨ ______________________________

(5) ○○씨는 한국어도 잘하고 친절합니다.

⇨ ______________________________

(6) 일본 된장국은 맵지 않았습니다.

⇨ ______________________________

(7) 그 건물 3층은 좁고 조용하지 않았습니다.

⇨ ______________________________

(8) 사무실은 깨끗하고 넓었습니다.

⇨ ______________________________

だいじゅうにか
第12課

なに　　の
何を 飲みますか。

무엇을 마시겠습니까?

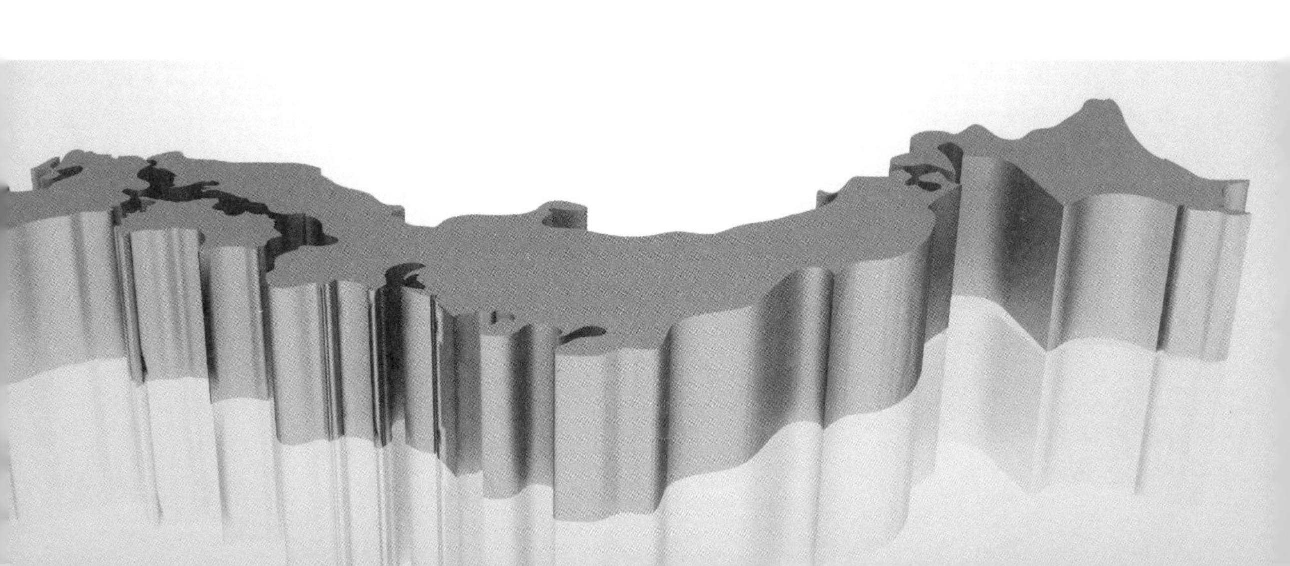

第12課

何(なに)を 飲(の)みますか。

小　林(こばやし)：ゆりさん、コーヒーショップに 行(い)きましょうか。

聖(ソン)ゆり：はい、いいですよ。

小　林(こばやし)：静(しず)かで 綺麗(きれい)ですね。

聖(ソン)ゆり：何(なに)を 飲(の)みますか。

石　井(いしい)：私(わたし)は ホットコーヒー。

小　林(こばやし)：私(わたし)も。ゆりさんは。

聖(ソン)ゆり：私(わたし)は オレンジージュースに します。

すみません。ホットコーヒー 二(ふた)つと

オレンジージュース ひとつ ください。

店員(てんいん)：有難(ありがと)うございます。

제12과

무엇을 마시겠습니까?

고바야시 : 유리씨, 커피숍에 갈까요?

성 유 리 : 예, 좋지요.

고바야시 : 조용하고 깨끗하네요.

성 유 리 : 무엇을 마시겠습니까?

이 시 이 : 저는 뜨거운 커피.

고바야시 : 저도요. 유리씨는?

성 유 리 : 저는 오렌지 주스로 할게요.

죄송합니다. 뜨거운 커피 둘과 오렌지 주스 하나 주세요.

점　원 : 감사합니다.

메모

새단어あたらしいことば

コーヒーショップ〔커피숍〕

いきましょうか〔갈까요?〕

ごはん〔밥〕

しず
静かで〔조용하고〕

ベルマン〔벨맨〕

の
飲みますか〔마시겠습니까?〕

ちゅうしょく
昼食〔중식〕

ていしょく
定食〔정식〕

ホット コーヒー〔뜨거운 커피〕

ともだち
友達〔친구〕

さけ
お酒〔술〕

オレンジージュース〔오렌지 주스〕

でんわ
電話〔전화〕

はくぶつかん
博物館〔박물관〕

ガイド〔가이드(안내원)〕

ガイド ブック〔가이드 북〕

くるま
車〔자동차〕

ある
歩く〔걷다〕

あ
会う〔만나다〕

も
持つ〔들다〕

にもつ
荷物〔짐〕

ちょうしょく
朝食〔조식〕

よ
読む〔읽다〕

テレビ〔텔레비전〕

べんきょう
勉強〔공부〕

おんがく
音楽〔음악〕

のぼ
登る〔오르다〕

ぎゅうにゅう
牛乳〔우유〕

あら
洗う〔씻다〕

お
押す〔누르다〕

けいたいでんわ
携帯電話〔휴대폰〕

ふじさん
富士山〔후지산〕

ゆうしょく
夕食〔저녁식사〕

はし
橋〔다리〕

わた
渡る〔건너다〕

ぼうし
帽子〔모자〕

きゃく
(お)客さん〔손님〕

ソラッサン〔설악산〕

ハンカチ〔손수건〕

なし
梨〔배〕

동사 유형

1그룹 동사(5단 동사)

- 동사 기본형 어미가 う단으로 마치는 동사
- 공식에 의해 규칙적으로 변형된다.
- 동사 기본형 어미가 る로 마치지만 る앞에 い단이나 え단이 오지 않는다.
- 정중형 ~ます(~입니다)형으로 변형 시, 어미 い단으로 바꾸고 ます를 붙인다.

- 買(か)う(사다) → かいます(삽니다)
- 行(い)く(가다) → いきます(갑니다)
- 待(ま)つ(기다리다) → まちます(기다립니다)
- 呼(よ)ぶ(부르다) → よびます(부릅니다)
- 話(はな)す(말하다) → はなします(말합니다)
- 飲(の)む(마시다) → のみます(마십니다)
- 急(いそ)ぐ(서두르다) → いそぎます(서두릅니다)
- 乗(の)る(타다) → のります(탑니다)

예외 1그룹 동사

- 2그룹 동사에 해당되지만 ます(입니다)형으로 변형시 1그룹 동사 공식을 따른다.

- 帰(かえ)る(돌아가다) → かえります(돌아갑니다)
- 切(き)る(자르다) → きります(자릅니다)
- 知(し)る(알다) → しります(압니다)
- 要(い)る(필요하다) → いります(필요합니다)
- 入(はい)る(들어가다) → はいります(들어갑니다)
- 走(はし)る(달리다) → はしります(달립니다)

2그룹 동사(상1단 · 하1단 동사)

- 동사 기본형 어미가 る로 마치는 동사
- 공식에 의해 규칙적으로 변형된다.
- 동사 기본형 어미가 る로 마치고 る 앞에 い단이나 え단이 온다.
- 정중형 ~ます(~입니다)형으로 변형 시, 기본형 어미 る를 지우고 ます를 붙인다.

- 食(た)べる(먹다) → たべます(먹습니다)
- 起(お)きる(일어나다) → おきます(일어납니다)
- 寝(ね)る(자다) → ねます(잡니다)
- 見(み)る(보다) → みます(봅니다)

3그룹 동사(변격동사)

- 불규칙 동사로 아래 2가지뿐이다. 정중형 ~ます(~입니다)형으로 변형 시, 모두 변형한다.

- する(하다) → します(합니다)
- 来(く)る(오다) → きます(옵니다)

문법 & 연습(ぶんぽう & れんしゅう)

잠깐! 문법학습

何(なに)を 飲(の)みますか。(무엇을 마실까요?)

■ のみますか는 동사 ます형 의문문으로 동사기본형 のむ(마시다)에 정중한 표현 ますが 연결된 것이다.

- のみます (마십니다 ☜ 현재긍정)
- のみません(마시지 않습니다 ☜ 현재부정)
- のみました(마셨습니다 ☜ 과거긍정)
- のみませんでした(마시지 않았습니다 ☜ 과거부정)

1. 다음 문장을 연습해 보자.

(1) 昼食(ちゅうしょく)は 何(なに)を 食(た)べますか。(점심은 무엇을 먹습니까?)

⇨ うどんを 食べます。(우동을 먹습니다.)

(2) ジュースを 飲(の)みますか。(주스를 마십니까?)

⇨ いいえ、飲みません。コーヒーを 飲みます。

(아니요, 마시지 않습니다. 커피를 마십니다.)

(3) 1時間も お客さんを 待ちましたか。

(1시간이나 손님을 기다렸습니까?)

⇨ はい、待ちました。(예, 기다렸습니다.)

(4) 人々の 荷物を 持ちましたか。(사람들의 짐을 들었습니까?)

⇨ いいえ、持ちませんでした。(아니요, 들지 않았습니다.)

2. 다음 문장을 보기와 같이 작성하시오.

보 기

何を 食べますか。(すし) (무엇을 먹습니까?)(초밥)

⇨ すしを 食べます。(초밥을 먹습니다.)

(1) 朝食(ちょうしょく)は 何を 食べますか。(定食)

⇨ ______________________________

(2) コーヒーショップで 誰に 会いますか。(もりやまさん)

⇨ ______________________________

(3) どこへ 行きますか。(博物館)

⇨ ______________________________

(4) 何(なに)を 読(よ)みますか。(ガイド ブック)

⇨ ____________________

(5) 日曜日(にちようび)に 何(なに)を 見(み)ましたか。(テレビ)

⇨ ____________________

(6) 何(なに)を 勉強(べんきょう)しましたか。(音楽(おんがく))

⇨ ____________________

(7) どの山(やま)に 登(のぼ)りましたか。(富士山(ふじさん))

⇨ ____________________

3. 다음을 연습해 보자.

(1) ホテルに 行(い)きます。(호텔에 갑니다.)

⇨ ホテルに 行(い)きません。(호텔에 가지 않습니다.)

(2) お酒(さけ)を 飲(の)みます。(술을 마십니다.)

⇨ お酒(さけ)を 飲(の)みません。(술을 마시지 않습니다.)

(3) サンドイッチを 食(た)べます。(샌드위치를 먹습니다.)

⇨ サンドイッチを 食(た)べません。(샌드위치를 먹지 않습니다.)

(4) 電話(でんわ)を します。(전화를 합니다.)

⇨ 電話(でんわ)を しません。(전화를 하지 않습니다.)

4. 다음 문장을 ～ません의 부정문으로 작성하시오.

(1) 梨(なし)を 食(た)べます。

⇨ ______________________________

(2) ふじもりさんに 会(あ)います。

⇨ ______________________________

(3) 車(くるま)に 乗(の)ります。

⇨ ______________________________

(4) そこまで 歩(ある)きます。

⇨ ______________________________

(5) 友達(ともだち)と映画(えいが)を 見(み)ます。

⇨ ______________________________

(6) 毎日(まいにち)、散歩(さんぽ)を します。

⇨ ______________________________

(7) パンと牛乳(ぎゅうにゅう)を 買(か)います。

⇨ ______________________________

잠깐! 문법학습

いかないです。(가지 않습니다.)

- いきません(가지 않습니다)과 동일한 뜻이다.
- ~ない형으로 변형할 경우
  - 1그룹 동사는 기본형 어미를 あ단으로 바꾸고 ないです를 붙인다.

    예 : いく → いかないです
  - 2그룹 동사는 기본형 어미 る를 삭제하고 ないです를 붙인다.

    예 : たべる → たべないです。
  - 3그룹 동사는 기본형 전부를 바꾼다.

    예 : する → しないです。 くる → こないです。
- 과거형은 です를 でした로 바꾼다.
- 아랫사람이나 친근한 사이에서는 です를 생략하기도 한다.
- ~ん은 회화체에서 발음상 부드럽게 하기 위해 사용한다.

5. 다음 문장을 연습해 보자.

(1) 友達(ともだち)を 待(ま)たないです。(친구를 기다리지 않습니다.)

(2) 日本(にほん)に 行(い)かないです。(일본에 가지 않습니다.)

(3) ご飯(はん)を 食(た)べないです。(밥을 먹지 않습니다.)

(4) お酒(さけ)を 飲(の)まないです。(술을 마시지 않습니다.)

6. 다음 문장을 ~ないです로 변형하고, 한국어로 해석하시오.

(1) ガイドは 来(き)ます。

⇨ ______________________________

(2) ソラッサンに 行(い)きます。

⇨ ______________________________

(3) 社長(しゃちょう)に 会(あ)います。

⇨ ______________________________

(4) ベルマンを 呼(よ)びます。

⇨ ______________________________

(5) 手(て)を 洗(あら)います。

⇨ ______________________________

(6) ハンカチを 買(か)います。

⇨ ______________________________

(7) ベルを 押(お)します。

⇨ ______________________________

7. 다음 밑줄 친 부분에 적당한 조사를 쓰시오.

小　林(こばやし)：ゆりさん、コーヒーショップ___ 行(い)きましょうか。

聖(ソン)ゆり：はい、いいですよ。

小　林(こばやし)：静(しず)か___ 綺麗(きれい)ですね。

聖(ソン)ゆり：何(なに)___ 飲(の)みますか。

石　井(いしい)：私(わたし)___ ホットコーヒー。

小　林(こばやし)：私(わたし)___。ゆりさん___。

聖(ソン)ゆり：私(わたし)___ オレンジージュース___します。

すみません。ホットコーヒー 二(ふた)つ___

オレンジージュース ひとつ ください。

店員(てんいん)：有難(ありがと)うございます。

8. 다음 문장을 일본어로 쓰시오.

(1) 커피숍에 갈까요?

⇨ ______________________________

(2) 조용하고 깨끗하네요.

⇨ ______________________________

(3) 무엇을 마시겠습니까?

⇨ ______________________________

(4) 저는 커피 주세요.

⇨ ______________________________

(5) 친구를 기다립니다.

⇨ ______________________________

(6) 자동차를 타지 않아요.

⇨ ______________________________

(7) 휴대폰을 샀습니다.

⇨ ____________________

(8) 오늘은 6시에 저녁식사를 하였습니다.

⇨ ____________________

(9) 저 긴 다리를 건너갈까요?

⇨ ____________________

(10) 모자를 사지 않았습니다.

⇨ ____________________

だいじゅうさんか
第13課

また、来(き)たいです。

또(다시) 오고 싶습니다.

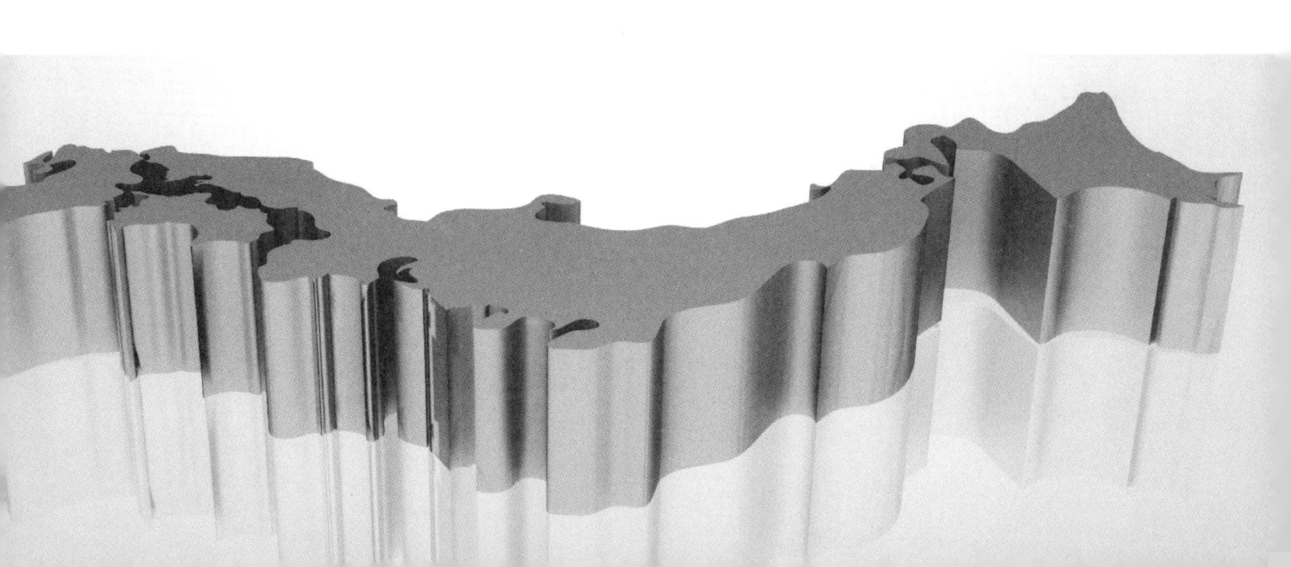

第13課

また、来(き)たいです。

聖(ソン)ゆり：韓国(かんこく) 旅行(りょこう)は どうでしたか。

石(いし) 井(い)：とても たのしかったです。

石(いし) 井(い)：又(また)、来(き)たいですね。

聖(ソン)ゆり：ジェジュウドは いきましたか。

石(いし) 井(い)：いいえ、未(ま)だです。

それじゃ、次回(じかい)は ジェジュウドに 行って

ハルラサンにのぼりたいですね。

小(こばやし) 林：ぜひ、行(い)きましょう。

(인천공항에 도착하여 작별인사를)

石井(いしい)・小林(こばやし)：ゆりさん、有難(ありがと)うございました。

聖(ソン)ゆり：こちらこそ 有難(ありがと)うございました。

石井(いしい)・小林(こばやし)：それじゃ。。。 また。。。 さようなら。

聖(ソン)ゆり：さようなら。

제13과

또(다시) 오고 싶습니다.

성 유 리 : 한국 여행은 어떠했나요?

이 시 이 : 매우 즐거웠습니다.

이 시 이 : 다시(또) 오고 싶네요.

성 유 리 : 제주도는 갔었나요?

이 시 이 : 아니요, 아직입니다.

그럼 다음은 제주도에 가서 한라산에 오르고 싶네요.

고바야시 : 꼭 갑시다.

(인천공항에 도착하여 작별 인사를)

이시이 · 고바야시 : 유리씨, 감사했어요.

성 유 리 : 저야말로 감사했습니다.

이시이 · 고바야시 : 그럼… 또… 안녕히 계세요.

성 유 리 : 안녕히 가세요.

메모

새단어あたらしいことば

韓国(かんこく) 旅行(りょこう)〔한국 여행〕

行(い)って〔가서〕

来(き)たいですね〔오고 싶군요〕

次回(じかい)〔다음에〕

行(い)きたいんです〔가고 싶습니다〕

観光地(かんこうち)〔관광지〕

のぼる〔오르다〕

また〔다시(또)〕

ぜひ〔반드시(꼭)〕

どうでしたか〔어떠했습니까?〕

たのしいでした〔즐거웠습니다〕

行(い)きましたか〔갔었나요?〕

もう〔벌써〕

いきませんでした〔가지 않았어요〕

彼(かれ)〔그〕

彼女(かのじょ)〔그녀〕

食事(しょくじ)〔식사〕

散歩(さんぽ)〔산책〕

水(みず)〔물〕

チケット〔티켓〕

山(やま)〔산〕

手紙(てがみ)〔편지〕

映画(えいが)〔영화〕

やすんで〔쉬고〕

旅行(りょこう)〔여행〕

掃除(そうじ)〔청소〕

新聞(しんぶん)〔신문〕

日記(にっき)〔일기〕

休日(きゅうじつ)〔휴일〕

料理(りょうり)〔요리〕

作(つく)る〔만들다〕

家(いえ/うち)〔집〕

ご飯(はん)〔밥〕

買物(かいもの)〔물건을 삼/쇼핑〕

下(くだ)さい〔주세요〕

図書館(としょかん)〔도서관〕

借(か)りる〔빌리다〕

繁華街(はんかがい)〔번화가〕

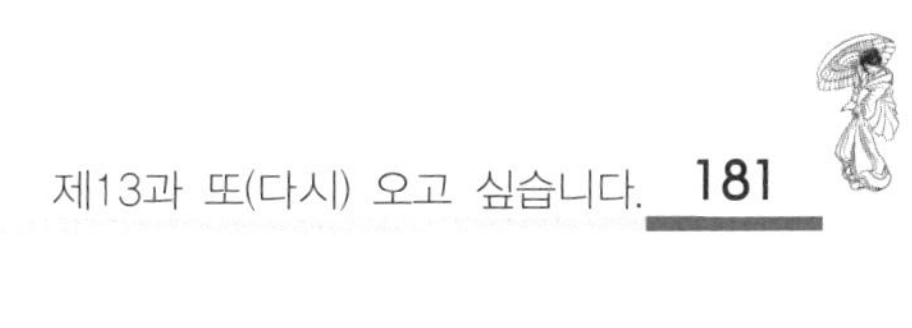

동사 유형별 ~하고/해서 변형 공식	
1그룹 (5단 동사)	기본형 어미가 う、つ、る로 마치는 동사 → って로 변형 買う(사다) → 買って 待つ(기다리다) → 待って 売る(팔다) → 売って 乗る(타다) → 乗って (예외) 行く(가다) → 行って
	기본형 어미가 く、ぐ로 마치는 동사 → いて、いで로 변형 書く(쓰다) → 書いて 急ぐ(서두르다) → 急いで
	기본형 어미가 む、ぶ、ぬ로 마치는 동사 → んで로 변형 飲む(마시다) → 飲んで 呼ぶ(부르다) → 呼んで 死ぬ(죽다) → 死んで
	기본형 어미가 す로 마치는 동사 → して로 변형 話す(말하다) → 話して
2그룹 (상·하 1단 동사)	기본형 어미가 る로 마치는 동사 → て로 변형 見る(보다) → 見て 食べる(먹다) → 食べて 起きる(일어나다) → 起きて 寝る(자다) → 寝て
3그룹 (변격 동사)	변격동사는 모두 변형 する(하다) → して 来る(오다) → 来て

문법 & 연습(ぶんぽう & れんしゅう)

잠깐! 문법학습

ジェジュウドに行(い)きましたか。(제주도에 갔었나요?)

いいえ、行(い)きませんでした。(아니요, 가지 않았어요.)

- いきましたかは いきますか(갑니까?)의 과거 긍정 의문문이다.
- いきませんでした(가지 않았어요)는 いきます(갑니다)의 과거부정이다.
- ~ない형은 いかないでした가 되고, ~かった형은 いかなかったです가 된다.

1. 다음 문장을 연습해 보자.

(1) 金さんの 手紙(てがみ)を 読(よ)みました。(김씨의 편지를 읽었습니다.)

김씨의 편지를 읽지 않았습니다.

⇨ ① 金さんの 手紙(てがみ)を 読(よ)みませんでした。

⇨ ② 金さんの 手紙(てがみ)を 読(よ)まないでした。

⇨ ③ 金さんの 手紙(てがみ)を 読(よ)まなかった(ん)です。

(2) 日本(にほん)の料理(りょうり)を 食(た)べました。(일본요리를 먹었습니다.)

일본 요리를 먹지 않았습니다.

⇨ ① 日本(にほん)の料理(りょうり)を 食(た)べませんでした。

⇨ ② 日本(にほん)の料理(りょうり)を 食(た)べないでした。

⇨ ③ 日本(にほん)の料理(りょうり)を 食(た)べなかった(ん)です。

2. 다음 문장을 보기와 같이 작성하시오.

보 기

彼(かれ)は 来(き)ましたか。(그는 왔습니까?)

⇨ ① いいえ、来(き)ませんでした。(아니요, 오지 않았습니다.)

⇨ ② いいえ、来(こ)なかったです。

(1) 食事(しょくじ)はしましたか。

⇨ ① いいえ、____________________

⇨ ② いいえ、____________________

(2) 散歩(さんぽ)に 行(い)きましたか。

⇨ ① いいえ、＿＿＿＿＿＿＿＿＿＿＿＿＿＿＿＿＿＿

⇨ ② いいえ、＿＿＿＿＿＿＿＿＿＿＿＿＿＿＿＿＿＿

(3) 水(みず)を 飲(の)みましたか。

⇨ ① いいえ、＿＿＿＿＿＿＿＿＿＿＿＿＿＿＿＿＿＿

⇨ ② いいえ、＿＿＿＿＿＿＿＿＿＿＿＿＿＿＿＿＿＿

(4) チケットを 買(か)いましたか。

⇨ ① いいえ、＿＿＿＿＿＿＿＿＿＿＿＿＿＿＿＿＿＿

⇨ ② いいえ、＿＿＿＿＿＿＿＿＿＿＿＿＿＿＿＿＿＿

(5) 掃除(そうじ)を しましたか。

⇨ ① いいえ、＿＿＿＿＿＿＿＿＿＿＿＿＿＿＿＿＿＿

⇨ ② いいえ、＿＿＿＿＿＿＿＿＿＿＿＿＿＿＿＿＿＿

(6) 新聞(しんぶん)を 読(よ)みましたか。

⇨ ① いいえ、 ______________________

⇨ ② いいえ、 ______________________

(7) 毎日(まいにち)、歩(ある)きましたか。

⇨ ① いいえ、 ______________________

⇨ ② いいえ、 ______________________

잠깐! 문법학습

ジェジュウドに いって ハルラサンに のぼりたい(ん)ですね。
(제주도에 가서 한라산에 오르고 싶군요.)

- 동사 기본형 いく(가다)의 ~하고는 いって로 변형된다.
- 현재긍정으로 ~きたいんですは 동사くる(오다) 기본형을 정중형 ます(습니다)형으로 변형시킨 후, ますを 떼고 ~たい(~싶다)를 붙인 공식이다.
- 현재 부정형은 ~たくありません(싶지 않습니다)
  또는 ~たくないんです이다.
  공식은 ~たい에서 い를 く로 변형하고 ありません이나
  ~く ないんです를 붙인다.
- 아랫사람이나 친근한 사이에서는 です를 생략하기도 한다.
- ん은 회화체에서 발음상 부드럽게 하기 위해 사용한다.

3. 다음 문장을 연습해 보자.

(1) ご飯(はん)を 食(た)べて 行(い)きます。(밥을 먹고 갑니다.)

(2) 電話(でんわ)を して 話(はな)しました。(전화를 하고 이야기했습니다.)

(3) 山(やま)に 行(い)きたいです。(산에 가고 싶습니다.)

(4) 彼女(かのじょ)に 会(あ)いたく ありません(ないです)。(그녀를 만나고 싶지 않습니다.)

4. 다음 문장을 보기와 같이 작성하시오.

보 기

ご飯(はん)を 食(た)べて 行(い)きます。(밥을 먹고 갑니다.)

⇨ ご飯(はん)を 食(た)べて 行(い)きたいです。(밥을 먹고 가고 싶습니다.)

(1) 彼(かれ)を 呼(よ)んで 映画(えいが)を 見(み)ます。

(2) デパートに 行(い)って 買(か)います。

⇨ ____________________

(3) 7時(じ)に 起(お)きて 電話(でんわ)を します。

⇨ ______________________________

(4) 明日(あした)は 休(や)んで 旅行(りょこう)に 行(い)きます。

⇨ ______________________________

(5) 毎日(まいにち)、日本語(にほんご)で 日記(にっき)を 書(か)きます。

⇨ ______________________________

5. 다음 문장을 보기와 같이 작성하시오.

보 기

ご飯(はん)を 食(た)べて 行(い)きたい(ん)ですか。(밥을 먹고 가고 싶습니까?)

⇨ ① いいえ、ご飯(はん)を 食(た)べて 行(い)きたく ありません。

⇨ ② いいえ、ご飯を 食べて 行きたく ないです。

(아니요, 밥을 먹고 가고 싶지 않습니다.)

(1) 彼(かれ)を 呼(よ)んで 映画(えいが)を見(み)たい(ん)ですか。

⇨ ① いいえ、______________________________

⇨ ② いいえ、______________________________

(2) デパートに 行って 買いたい(ん)ですか。

⇨ ① いいえ、＿＿＿＿＿＿＿＿＿＿＿＿＿＿＿＿

⇨ ② いいえ、＿＿＿＿＿＿＿＿＿＿＿＿＿＿＿＿

(3) 7時に 起きて 電話を したい(ん)ですか。

⇨ ① いいえ、＿＿＿＿＿＿＿＿＿＿＿＿＿＿＿＿

⇨ ② いいえ、＿＿＿＿＿＿＿＿＿＿＿＿＿＿＿＿

(4) 明日は 休んで 旅行に 行きたい(ん)ですか。

⇨ ① いいえ、＿＿＿＿＿＿＿＿＿＿＿＿＿＿＿＿

⇨ ② いいえ、＿＿＿＿＿＿＿＿＿＿＿＿＿＿＿＿

(5) 休日は 料理を 作りたい(ん)ですか。

⇨ ① いいえ、＿＿＿＿＿＿＿＿＿＿＿＿＿＿＿＿

⇨ ② いいえ、＿＿＿＿＿＿＿＿＿＿＿＿＿＿＿＿

6. **다음 문장을 보기와 같이 작성하시오.**

보 기

バスに 乗(の)る。(버스를 타다.)
⇨ バスに 乗(の)って 下(くだ)さい。(버스에 탑승해 주세요.)

(1) 1時間(じかん)、休(やす)む。

⇨ ______________________________

(2) ロビーに 行(い)く。

⇨ ______________________________

(3) あの人(ひと)に 会(あ)う。

⇨ ______________________________

(4) 明日(あした)、来(く)る。

⇨ ______________________________

(5) 買物(かいもの)を する。

⇨ ______________________________

7. 다음 밑줄 친 부분에 적당한 조사를 쓰시오.

聖(ソン)ゆり：韓国(かんこく) 旅行(りょこう)___ どうでしたか。

石井(いしい)：とても たのしかったです。

石井(いしい)：又(また)、来(き)たいですね。

聖(ソン)ゆり：ジェジュウド___ いきましたか。

石井(いしい)：いいえ、未(ま)だです。

それじゃ、次回(じかい)___ ジェジュウド___ 行って ハルラサン ___ のぼりたいですね。

小林(こばやし)：ぜひ、行(い)きましょう。

(인천공항에 도착하여 작별인사를)

石井(いしい)・小林(こばやし)：ゆりさん、有難(ありがと)うございました。

聖(ソン)ゆり：こちらこそ 有難(ありがと)うございました。

石井(いしい)・小林(こばやし)：それじゃ。。。 また。。。 さようなら。

聖(ソン)ゆり：さようなら。

8. 다음 문장을 일본어로 쓰시오.

(1) 매우 즐거웠습니다.

⇨ ______________________________

(2) 안 갔습니다.

⇨ ______________________________

(3) 꼭 갑시다.

⇨ ______________________________

(4) 매일 2시간 정도 운동을 합니다.

⇨ ______________________________

(5) 내일 와 주십시오.

⇨ ______________________________

(6) 일본인 친구와 번화가에 갔습니다.

⇨ ______________________________

(7) 도서관에 가서 책을 빌리지 않았습니다.

⇨ ______________________________

(8) 아침 식사를 하지 않았습니다.

⇨ ______________________________

연습문제 정답

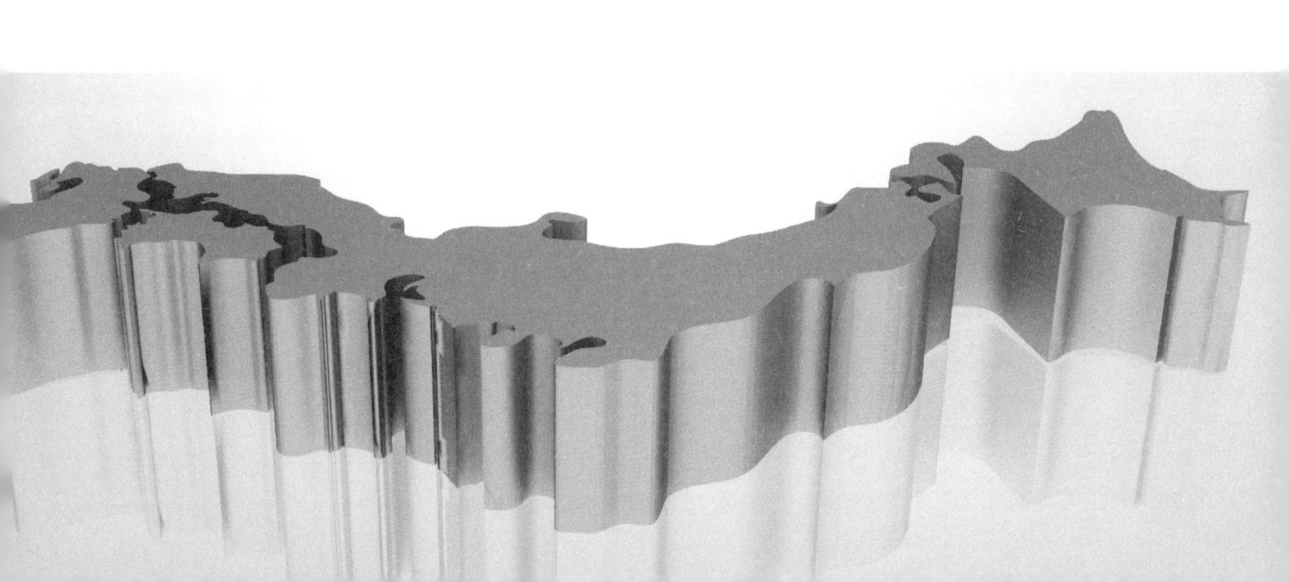

第1課 はじめまして。

2. (1) そうです。(그렇습니다.)
李では ありません。金です。(이가 아닙니다. 김입니다.)
(2) そうです。(그렇습니다.)
大学生では ありません。会社員です。
(대학생이 아닙니다. 회사원입니다.)
(3) そうです。(그렇습니다.)
イギリス人では ありません。韓国人です。
(영국인이 아닙니다. 한국인입니다.)
(4) そうです。(그렇습니다.)
ラウンジでは ありません。売店です。(라운지가 아닙니다. 매점입니다.)

5. (1) きむらさんは A会社の社長では ありません。
(기무라씨는 A회사 사장이 아닙니다.)
(2) たなかさんは 日本の大学生です。(다나까씨는 일본 대학생입니다.)
(3) 私は21才に(じゅういっさい)です。〇〇大学の〇年次です。
(저는 21살(세)입니다. 〇〇대학 〇학년입니다.)
(4) はやしさんの職業は 何ですか。(하야시씨 직업은 무엇입니까?)
(5) この方は 誰ですか。(이 분은 누구입니까?)

6. こんにちは。(안녕하세요?/점심 인사)
そうです。(그렇습니다.)
はじめまして。(처음 뵙겠습니다.)
私こそ よろしく お願いします。(저야말로 잘 부탁합니다.)

第2課 あそこは なんですか。

2. (1) あそこは ソウル駅です。(저곳은 서울역입니다.)

(2) ここは 63ビルです。(이곳은 63빌딩입니다.)

(3) そこは 公園です。(그곳은 공원입니다.)

(4) あの建物は レストランです。(저 건물은 레스토랑입니다.)

(5) その人は やまもとさんです。(저 사람은 야마모또씨입니다.)

3. (1) 63ビルは かわのまえです。(63빌딩은 강 앞입니다.)

(2) 남산タワーは やまのうえです。(남산타워는 산 위입니다.)

(3) ○○デパートは ぎんこうのとなりです。
(○○백화점은 은행 옆입니다.)

(4) 駐車場は 本館のとなりです。(주차장은 본관 옆입니다.)

5. 韓国は(한국은)

石井さんも(이시이씨도)

私は(저는)

あそこは(저곳은)

高いですね。(높군요.)

6. (1) 인천공항은 저 건너편이 아닙니다.

⇨ インチョン空港は あの向うでは ありません。

(2) 그곳은 한국에서 가장 높은 건물이 아닙니다.

⇨ そこは 韓国で 一番 高い 建物では ありません。

(3) 당신도 일본인입니까? ⇨ 貴方(あなた)も 日本人(にほんじん)ですか。

(4) 이것은 일본어 책입니까? ⇨ これは 日本語(にほんご)の本(ほん)ですか。

(5) ○○건물은 어느 것입니까? ⇨ ○○建物(たてもの)は どれですか。

(6) 이것은 저의 가방이 아니었습니다.

⇨ これは 私(わたし)のかばんでは ありませんでした。

(7) ○씨 집은 멀었습니다. ⇨ ○さんの家(いえ)は 遠(とお)いでした。

第３課 1702ごうしつです。

2. (1) きょうから あしたまで ですね。(오늘부터 내일까지 이군요.)

(2) ソウルからブサンまで ですね。(서울에서 부산까지군요.)

(3) だいがくから いえまで ですね。(대학에서 집까지군요.)

(4) くうこうから ホテルまで ですね。(공항에서 호텔까지군요.)

(5) 午前(ごぜん) 9時(くじ)から 午後 5時(ごじ)までですね。

(오전 9시부터 오후 5시까지군요.)

4. (1) お部屋(へや)は いちななまるに号室(ごうしつ)です。(방은 1702호실입니다.)

(2) お部屋(へや)は いちまるまるよん号室(ごうしつ)です。(방은 1004호실입니다.)

5. を / から / まで / は / は

6. (1) 고바야시와 이시이입니다. ⇨ 小林(こばやし)と石井(いしい)です。

(2) 오늘부터 내일까지군요. ⇨ 今日(きょう)から 明日(あした)までですね。

(3) 방은 몇 호실이었습니까? ⇨ 部屋(へや)は 何号室(なんごうしつ)でしたか。

(4) 편히 쉬십시오. ⇨ ごゆっくりどうぞ。

(5) 영업은 오전 10시부터였습니까? ⇨ 営業(えいぎょう)は 午前(ごぜん) 十時(じゅうじ)からでしたか。

(6) 공항에서 호텔까지입니다. ⇨ 空港(くうこう)から ホテルまでです。

(7) 이것은 방 열쇠입니다. ⇨ これは 部屋(へや)の かぎです。

(8) 수업은 몇 시부터 몇 시까지입니까?
⇨ 授業(じゅぎょう)は 何時(なんじ)から何時(なんじ)までですか。

第4課 いま、なんじですか。

2. (1) よじ にじゅっぷんです。(4시 20분입니다.)
(2) ごじ じゅうごふんです。(5시 15분입니다.)
(3) しちじ よんじゅうごふんです。(7시 45분입니다.)
(4) くじ はんです。(9시 반입니다.)
(5) じゅうにじ よんじゅっぷんです。(12시 40분입니다.)

5. (1) 歩(ある)いて 5分(ごふん) ぐらい かかります。(걸어서 5분 정도 걸립니다.)
(2) 飛行機(ひこうき)で 一時間(いちじかん) ぐらい かかります。
(비행기로 1시간 정도 걸립니다.)
(3) バスで 二十分(にじゅっぷん)ぐらい かかります。
(버스로 20분 정도 걸립니다.)
(4) 地下鉄(ちかてつ)で 十五分(じゅうごふん)ぐらい かかります。
(지하철로 15분 정도 걸립니다.)

6. 何時(なんじ)ですか。(몇 시입니까?)

からです。(부터입니다.)

どのぐらい (어느 정도)

7. (1) 남산까지 지하철로 25분 정도 걸립니다.

⇨ ナムサンまで 地下鉄(ちかてつ)で 二十五分(にじゅうごふん)ぐらい かかります。

(2) 수업은 몇 시간입니까? ⇨ 授業(じゅぎょう)は 何時間(なんじかん)ですか。

(3) 그 레스토랑까지 버스로 40분 정도 걸렸습니다.

⇨ そのレストランまで バスで 四十分(よんじゅっぷん)ぐらい かかりました。

(4) 오후 6시 반 정도였습니다. ⇨ 午後(ごご)、六時半(ろくじはん) ぐらいでした。

(5) 비행기로 서울에서 부산까지 어느 정도 걸립니까?

⇨ 飛行機(ひこうき)で ソウルから ブサンまで どのぐらい かかりますか。

(6) 휴식은 몇 분간입니까? ⇨ やすみは 何分間(なんぷんかん)ですか。

(7) 다나까씨 일은 몇 시부터 몇 시까지입니까?

⇨ 田中(たなか)さんの 仕事(しごと)は 何時(なんじ)から 何時(なんじ)までですか。

(8) 당신은 집에서 대학교까지 어느 정도 걸립니까?

⇨ 貴方(あなた)は 家(いえ)から 大学(だいがく)まで どのぐらい かかりますか。

(9) 한국에서 일본까지는 약 3시간 정도 걸립니다.

⇨ 韓国(かんこく)から 日本(にほん)までは 約(やく) 3時間(さんじかん) ぐらい かかります。

(10) 회사는 오전 8시 30분부터 오후 5시 30분까지입니다.

⇨ 会社(かいしゃ)は 午前(ごぜん) 八時(はちじ) 三十分(さんじゅっぷん)から 午後(ごご) 五時(ごじ) 30分までです。

第5課 いくらですか。

4. (1) この本(ほん)を 二冊(にさつ) 下(くだ)さい。(이 책을 두 권 주세요.)

   (2) それを 三本(さんぼん) 下(くだ)さい。(그것을 세 자루 주세요.)

   (3) あの時計(とけい)を 四(よっ)つ 下(くだ)さい。(저 시계를 네 개 주세요.)

   (4) その魚(さかな)を 五匹(ごひき) 下(くだ)さい。(그 생선을 다섯 마리 주세요.)

   (5) 紙(かみ)を 七枚(ななまい) 下(くだ)さい。(종이를 일곱 장 주세요.)

5. は / は / も / は / を / で / で

6. (1) 예쁘군요. ⇨ 綺麗(きれい)ですね。

   (2) 이것을 주세요. ⇨ これを 下(くだ)さい。

   (3) 전부해서 얼마입니까? ⇨ 全部(ぜんぶ)で いくらですか。

   (4) 생선요리는 얼마였습니까? ⇨ 魚料理(さかなりょうり)は いくらでしたか。

   (5) 스카프와 넥타이는 전부해서 100,000원이었습니다.

   ⇨ スカーフとネクタイは 全部(ぜんぶ)で じゅうまんウォンでした。

   (7) 점원은 몇 명이었습니까? ⇨ 店員(てんいん)は 何人(なんにん)でしたか。

7. (1) 15,000(いちまんごせん)ウォンでした。(15,000원이었습니다.)

   (2) 3,300(さんぜんさんびゃく)ウォンでした。(3,300원이었습니다.)

   (3) 2,000(にせん)ウォンです。(2,000원입니다.)

   (4) 4,350(よんせんさんびゃくごじゅう)円です。(4,350엔입니다.)

   (5) 4人(よにん)です。(4명입니다.)

第6課 かんこく レストランは どこに あ

3. (1) ミョンドンに ありません。(명동에 없습니다.)

(2) 十階に あります。(10층에 있습니다.)

4. は / に / に / から / から / まで / に / も / は / に

5. (1) いいえ、九階に あります。(아니요, 9층에 있습니다.)

(2) いいえ、日曜日に あります。(아니요, 일요일에 있습니다.)

(3) はい、部屋に ありました。(예, 방에 있었습니다.)

いいえ、レストランに ありました。(아니요, 레스토랑에 있었습니다.)

(4) はい、ありました。(예, 있었습니다.)

いいえ、コーヒーショップに ありました。(아니요, 커피숍에 있었습니다.)

(5) はい、ありました。(예, 있었습니다.)

いいえ、左側に ありました。(아니요, 왼쪽(편)에 있었습니다.)

6. (1) 어디에 있습니까? ⇨ どこに ありますか。

(2) 지하 1층에 있습니다. ⇨ 地下 一階に あります。

(3) 몇 시부터입니까? ⇨ 何時からですか

(4) 그곳에 매점도 있습니까? ⇨ そこに 売店も ありますか。

(5) 아니요, 매점은 없습니다. ⇨ いいえ、売店は ありません。

(6) 커피숍은 10시부터입니까? ⇨ コーヒーショップは 十時からですか。

(7) 로비에 자동판매기가 있습니다. ⇨ ロビーに 自動販売機が あります。

(8) 왼편에 무엇이 있었습니까? ⇨ 左側に 何が ありましたか。

(9) 그곳에는 아무것도 없었습니다. ⇨ そこには 何(なに)も ありませんでした。

(10) 토요일은 약속이 없습니다. ⇨ 土曜日(どようび)は 約束(やくそく)が ありません。

第7課 ひとびとが おおぜい いますね。

2. (1) ガイドは あそこに います。(가이드는 저곳에 있습니다.)
(2) ロビーに でんわが あります。(로비에 전화가 있습니다.)
(3) きむらさんは どこに いますか。(기무라씨는 어디에 있습니까?)
(4) あります。(있습니다)
(5) ありませんでした。(없었습니다)
(6) いませんでした。(없었습니다.)
(7) いましたか。(있었습니까?)

4. (1) 日本(にほん)は どうですか。 ⇨ 일본은 어떻습니까?
(2) 体(からだ)のぐあいは どうですか。 ⇨ 몸 상태는 어떻습니까?
(3) 足(あし)の痛(いた)みは どうですか。 ⇨ 다리 통증은 어떻습니까?
(4) 定食(ていしょく)は どうですか。 ⇨ 정식은 어떻습니까?
(5) すしは どうですか。 ⇨ 초밥은 어떻습니까?

5. ミンソッチョン(민속촌)
ひとびとが (사람들이)
きょうは (오늘은)
ここで (여기에서)
いいですね (좋군요)
すみませんが (죄송합니다만)

第８課 おいしいですね。

3. (1) 広い、部屋は どうですか。 ⇨ 넓은 방은 어떻습니까?

(2) 面白い 、雑誌は どうですか。 ⇨ 재미있는 잡지는 어떻습니까?

(3) 早い、タクシーは どうですか。 ⇨ 빠른 택시는 어떻습니까?

(4) 安い、靴は どうですか。⇨ 싼 구두는 어떻습니까?

(5) 黒い、靴は どうですか。⇨ 검정 구두는 어떻습니까?

(6) 冷たい、水は どうですか。⇨ 차가운 물은 어떻습니까?

(7) 黄色い、帽子は どうですか。⇨ 노란 모자는 어떻습니까?

(8) 小さい、手袋は どうですか。⇨ 작은 장갑은 어떻습니까?

(9) 熱い、ミルクティは どうですか。⇨ 뜨거운 밀크 티는 어떻습니까?

(10) 辛い、カレーライスは どうですか。
⇨ 매운 카레라이스는 어떻습니까?

4. (1) ① 今日は 寒くないです。(오늘은 춥지 않습니다.)
② 今日は 寒くないですか。(오늘은 춥지 않습니까?)

(2) ① これは 高くないです。(이것은 비싸지 않습니다.)
② これは 高くないですか。(이것은 비싸지 않습니까?)

(3) ① しゃぶしゃぶは 美味しくないです。(샤브샤브는 맛있지 않습니다.)
② しゃぶしゃぶは 美味しくないですか。(샤브샤브는 맛있지 않습니까?)

(4) ① デパートは 遠くないです。(백화점은 멀지 않습니다.)
② デパートは 遠くないですか。(백화점은 멀지 않습니까?)

(5) ① そのビルは 広(ひろ)くないです。(그 빌딩은 넓지 않습니다.)

② そのビルは 広(ひろ)くないですか。(그 빌딩은 넓지 않습니까?)

(6) ① 空港(くうこう)は 遠(とお)くないです。(공항은 멀지 않습니다.)

② 空港(くうこう)は 遠(とお)くないですか。(공항은 멀지 않습니까?)

(7) ① 映画(えいが)は 楽(たの)しくないです。(영화는 즐겁지 않습니다.)

② 映画(えいが)は 楽(たの)しくないですか。(영화는 즐겁지 않습니까?)

(8) ① 休日(きゅうじつ)は 忙(いそが)しくないです。(휴일은 바쁘지 않습니다.)

② 休日(きゅうじつ)は 忙(いそが)しくないですか。(휴일은 바쁘지 않습니까?)

(9) ① しろい皿(さら)は 軽(かる)くないです。(흰 접시는 가볍지 않습니다.)

② しろい皿(さら)は 軽(かる)くないですか。(흰 접시는 가볍지 않습니까?)

(10) ① 天井(てんじょう)は 高(たか)くないです。(천장은 높지 않습니다.)

② 天井(てんじょう)は 高(たか)くないですか。(천장은 높지 않습니까?)

5. (1) 무엇을 먹습니까? ⇨ 何(なに)を 食(た)べますか。

(2) 찌개는 어떻습니까? ⇨ 鍋(なべ)は どうですか。

(3) 매운가요? ⇨ 辛(から)いですか。

(4) 조금 맵군요. ⇨ 少(すこ)し 辛(から)いですね。

(5) 매우 맛있군요. ⇨ とても おいしいですね。

(6) 한국의 겨울은 추웠나요? ⇨ 韓国(かんこく)の 冬(ふゆ)は 寒(さむ)いでしたか。

(7) 마트는 멀었습니다. ⇨ マートは 遠(とお)いでした。

(8) 학교는 멀지 않았습니까? ⇨ 学校(がっこう)は 遠(とお)くないでしたか。

(9) 저희 집은 매우 멀었습니다. ⇨ 私の家は とても 遠いでした。

(10) 약속은 어느 정도 늦었나요? ⇨ 約束は どのぐらい 遅いでしたか。

第9課 たのしかったんです。

2. (1) ① さしみは 美味しかった(ん)です。(회는 맛있었습니다.)

② さしみは 美味しいでした。

(2) ① 汽車は 長かった(ん)です。(기차는 길었습니다.)

② 汽車は 長いでした。

(3) ① ○○レストランは 広かった(ん)です。(○○레스토랑은 넓었습니다.)

② ○○レストランは 広いでした。

(4) ① 鍋料理は 熱かった(ん)です。(찌개요리는 뜨거웠습니다.)

② 鍋料理は 熱いでした。

(5) ① ○○マートは 遠かった(ん)です。(○○마트는 멀었습니다.)

② ○○マートは 遠いでした。

3. (1) 私の家は 遠くなかったです。(저의 집은 멀지 않았습니다.)

(2) ネギラーメンは 辛くなかったです。(파 라면은 맵지 않았습니다.)

(3) サンドイッチは 甘くなかったです。(샌드위치는 달지 않았습니다.)

(4) 朝、9時の バスは 遅くなかったです。(아침, 9시 버스는 늦지 않았습니다.)

(5) トマトは 美味しくなかったです。(토마토는 맛있지 않았습니다.)

4. は / も / も / は / が / は

5. (1) 여행은 어떠했습니까? ⇨ 旅行(りょこう)はどうでしたか。

(2) 3박 4일간 즐거웠습니다. ⇨ 三泊(さんぱく) 四日間(よっかかん) 楽(たの)しかった(ん)です。
또는 三泊 四日間 楽しいでした。

(3) 요리는 맛있었습니다. ⇨ 料理(りょうり)は 美味(おい)しかった(ん)です。
또는 料理は 美味しいでした。

(4) 다행이군요. ⇨ 良(よ)かった(ん)ですね。

(5) 바다는 좋았습니까? ⇨ 海(うみ)は 良(よ)かった(ん)ですか。

(6) 그곳은 인기가 있습니다. ⇨ そこは 人気(にんき)が あります。

(7) 휴일도 있었나요? ⇨ 休日(きゅうじつ)も ありましたか。

(8) 연중무휴입니다. ⇨ 年中無休(ねんじゅうむきゅう)です。

(9) 에어컨은 있었나요? ⇨ エアコンは ありましたか。

(10) 그 사무실은 좁지 않았습니까?
⇨ その事務室(じむしつ)は 狭(せま)くなかった(ん)ですか。

第10課 ちかくて いいですね。

2. (1) 家(いえ)は 近(ちか)くて 良(い)いです。(집은 가깝고(가까워서) 좋습니다.)

(2) バナナは 安(やす)くて 甘(あま)いです。(바나나는 싸고 답니다.)

(3) とんかつは 辛(から)くて美味(おい)しいです。(돈가스는 맵고 맛있습니다.)

(4) 机(つくえ)は 高(たか)くて 大(おお)きいです。(책상은 비싸고 큽니다.)

(5) バス料金(りょうきん)は 安(やす)くて 良(い)いです。(버스요금은 싸고(싸서) 좋습니다.)

4. (1) ① 湖(みずうみ)は 狭(せま)くなくて 遠(とお)くありません。

② 湖(みずうみ)は 狭くなくて 遠くないです。
(호수는 좁지 않고 멀지 않습니다.)

(2) ① 地下鉄(ちかてつ)は 遅(おそ)くなくて 高(たか)くありません。

② 地下鉄は 遅くなくて 高くないです。
(지하철은 늦지 않고 비싸지 않습니다.)

(3) ① 滑走路(かっそうろ)は 遠(とお)くなくて 悪(わる)くありません。

② 滑走路(かっそうろ)は 遠くなくて 悪くないです。
(활주로는 멀지 않고 나쁘지 않습니다.)

(4) ① 市場(いちば)は 近(ちか)くなくて 広(ひろ)くありません。

② 市場は 近くなくて 広くないです。
(시장은 가깝지 않고 넓지 않습니다.)

(5) ① この紙(かみ)は 厚(あつ)くなくて 高(たか)くありません。

② この紙は 厚くなくて 高くないです。
(이 종이는 두껍지 않고 비싸지 않습니다.)

(6) ① ご飯(はん)は 熱(あつ)くなくて 美味(おい)しくありません。

② ご飯は 熱くなくて 美味しくないです。
(밥은 뜨겁지 않고(않아서) 맛있지 않습니다.)

(7) ① コーヒーは 甘(あま)くなくて 冷(つめ)たくありません。

② コーヒーは 甘くなくて 冷たくないです。
(커피는 달지 않고 차갑지 않습니다.)

5. (1) 遠(とお)く ありません。(⑤)です。((가까운) 멀지 않습니다. 가깝습니다.)

(2) まずく ありません。(②)です。((맛있는) 맛없지 않습니다. 맛있습니다.)

(3) 辛(から)く ありません。(③)です。((단) 맵지 않습니다. 답니다.)

(4) 寒(さむ)く ありません。(⑥)です。((더운) 춥지 않습니다. 덥습니다.)

6. も / は / から / も

7. (1) 좋은 날씨군요. ⇨ 良い天気ですね。

(2) 오늘은 경복궁이군요. ⇨ 今日は キョンボッグンですね。

(3) 어느 정도 걸리나요? ⇨ どのぐらい かかりますか。

(4) 가깝고 좋군요. ⇨ 近くて 良いですね。

(5) 인사동은 먼가요? ⇨ インサドンは 遠いですか。

(6) 이것은 싸지 않고 좋지 않았어요.
⇨ これは 安くなくて 良くないでした。

(7) 이 방은 좁지 않고 비싸지 않았어요.
⇨ この部屋は 狭くなくて 高くないでした。

(8) 과일은 달지 않았고 맛있지 않았어요.
⇨ 果物は 甘くなくて 美味しくないでした。

(9) 그 산은 멀지 않고 높지 않았군요.
⇨ その山は 遠くなくて 高くないでしたね。

(10) 기차역 앞의 호텔은 크지 않아서 좋지 않았군요.
⇨ 汽車駅の前のホテルは 大きくなくて 良くないでしたね。

第11課 しんせつな ひとですね。

2. (1) ガイドは 真面目です。(가이드는 성실합니다.)

(2) そのレストランは ゴージャスです。(그 레스토랑은 호화롭습니다.)

(3) ジェジュウドは 有名です。(제주도는 유명합니다.)

(4) ミョンドンは 賑やかです。(명동은 번화가입니다.)

3. (1) その レストランは 有名では ありません。
(그 레스토랑은 유명하지 않습니다.)
(2) その話しは 簡単では ありません。(그 이야기는 간단하지 않습니다.)
(3) ○○駅は 便利では ありません。(○○역은 편리하지 않습니다.)
(4) お祖母さんは 甘い物が すきでは ありません。
(할머니는 단 것을 좋아하지 않습니다.)
(5) ○さんは 立派では ありません。(○씨는 훌륭하지 않습니다.)
* ~では ありません은 ~じゃないです와 동일한 표현으로 사용한다.

5. (1) 有名な ラーメンです。(유명한 라면입니다.)
(2) 立派な 建物です。(훌륭한 건물입니다.)
(3) 真面目な ガイドです。(성실한 가이드입니다.)
(4) 好きな 日本の料理です。(좋아하는 일본 요리입니다.)
(5) 静かな 大学の周辺でした。(조용한 대학 주변이었습니다.)
(6) 親切な ○○レストランの店員でした。
(친절한 ○○레스토랑 점원이었습니다.
(7) 便利な この 商店街でした。(편리한 이 상점가였습니다.)

7. (1) そのレストランは ゴージャスで 便利な ところです。
(그 레스토랑은 호화롭고 편리한 곳입니다.)
(2) ジェジュウドは 観光地で 有名な ところです。
(제주도는 관광지로 유명한 곳입니다.)
(3) ソウルは 有名で 賑やかな ところです。
(서울은 유명하고 번화한 곳입니다.)

8. は / の / に / の / は

9. (1) 오른쪽에 있습니다. ⇨ 右側(みぎがわ)に あります。

(2) 걸어서 5분 정도입니다. ⇨ 歩(ある)いて 5分(ごふん)ぐらいです。

(3) 친절한 사람이군요. ⇨ 親切(しんせつ)な 人(ひと)ですね。

(4) 제주도는 관광지이며 유명한 곳(장소)입니다.

⇨ ジェジュウドは 観光地(かんこうち)で 有名(ゆうめい)な ところです。

(5) ○○씨는 한국어도 잘하고 친절합니다.

⇨ ○○さんは 韓国語(かんこくご)も 上手(じょうず)で 親切(しんせつ)です。

(6) 일본 된장국은 맵지 않았습니다.⇨ みそしるは 辛(から)くないでした。

(7) 그 건물 3층은 좁고 조용하지 않았습니다.

⇨ その建物(たてもの)の 三階(さんかい)は 狭(せま)くて 静(しず)かでは ないでした。

(또는 なかったです)

(10) 사무실은 깨끗하고 넓었습니다.⇨ 事務室(じむしつ)は 綺麗(きれい)で 広(ひろ)いでした。

第12課 なにを のみますか。

2. (1) 朝食(ちょうしょく)は 定食(ていしょく)を 食(た)べます。(조식은 정식을 먹습니다.)

(2) コーヒーショップで もりやまさんに 会(あ)います。

(커피숍에서 모리야마씨를 만납니다.)

(3) 博物館(はくぶつかん)へ 行(い)きます。(박물관에 갑니다.)

(4) ガイド ブックを 読(よ)みます。(가이드북을 읽습니다.)

(5) 日曜日に テレビを 見ました。(일요일에 텔레비전을 보았습니다.)

(6) 音楽を 勉強しました。(음악을 공부했습니다.)

(7) 富士山に 登りました。(후지산에 올라갔습니다.)

4. (1) 梨を 食べません。(배를 먹지 않습니다.)

(2) ふじもりさんに 会いません。(후지모리씨를 만나지 않습니다.)

(3) 車に 乗りません。(자동차를 타지 않습니다.)

(4) そこまで 歩きません。(그곳까지 걷지 않습니다.)

(5) 友達と映画を 見ません。(친구와 영화를 안 봅니다.)

(6) 毎日、散歩を しません。(매일, 산책을 하지 않습니다.)

(7) パンとぎゅうにゅう(牛乳)を 買いません。
(빵과 우유를 사지 않습니다.)

6. (1) ガイドは 来ないです。(가이드는 오지 않습니다.)

(2) ソラッサンに 行かないです。(설악산에 가지 않습니다.)

(3) 社長に 会わないです。(사장님을 만나지 않습니다.)

(4) ベルマンを 呼ばないです。(벨맨을 부르지 않습니다.)

(5) 手を 洗わないです。(손을 씻지 않습니다.)

(6) ハンカチを 買わないです。(손수건을 사지 않습니다.)

(7) ベルを 押さないです。(벨을 누르지 않습니다.)

7. に / で / を / は / も / は / は / に / と

8. (1) 커피숍에 갈까요? ⇨ コーヒーショップに 行きますか。

(2) 조용하고 깨끗하네요. ⇨ 静かで 綺麗ですね。

(3) 무엇을 마시겠습니까? ⇨ 何を 飲みますか。

(4) 저는 커피 주세요. ⇨ 私は コーヒーを 下さい。

(5) 친구를 기다립니다. ⇨ 友達を 待ちます。

(6) 자동차를 타지 않아요. ⇨ 車を 乗らないです。

(7) 휴대폰을 샀습니다. ⇨ 携帯電話を 買いました。

(8) 오늘은 6시에 저녁식사를 하였습니다.

⇨ 今日は 六時に 夕食を しました。

(9) 저 긴 다리를 건너갈까요? ⇨ あの長い 橋を 渡りましょうか。

(10) 모자를 사지 않았습니다.

⇨ 帽子を 買わないでした。(또는 買わなかったです)

第13課 また、きたいです。

2. (1) ① いいえ、しませんでした。(아니요, 하지 않았습니다.)

② いいえ、しなかったです。

(2) ① いいえ、行きませんでした。(아니요, 가지 않았습니다.)

② いいえ、行かなかったです。

(3) ① いいえ、飲みませんでした。(아니요, 마시지 않았습니다.)

② いいえ、飲まなかったです。

(4) ① いいえ、買いませんでした。(아니요, 사지 않았습니다.)

② いいえ、買わなかったです。

(5) ① いいえ、しませんでした。(아니요, 하지 않았습니다.)

② いいえ、しなかったです。

(6) ① いいえ、読みませんでした。(아니요, 읽지 않았습니다.)

② いいえ、読まなかったです。

(7) ① いいえ、歩きませんでした。(아니요, 걷지 않았습니다.)

② いいえ、歩かなかったです。

4. (1) 彼を 呼んで 映画を 見たいです。

(그를 불러서 영화를 보고 싶습니다.)

(2) デパートに 行って 買いたいです。

(백화점에 가서 사고 싶습니다.)

(3) 7時に 起きて 電話を したいです。

(7시에 일어나서 전화를 하고 싶습니다.)

(4) 明日は 休んで 旅行に 行きたいです。

(내일은 쉬고 여행을 가고 싶습니다.)

(5) 毎日、日本語で 日記を 書きたいです。

(매일, 일본어로 일기를 쓰고 싶습니다.)

5. (1) ① いいえ、彼を 呼んで 映画を見たく ありません。

② いいえ、彼を 呼んで 映画を見たく ないです。

(아니요, 그를 불러서 영화를 보고 싶지 않습니다.)

(2) ① いいえ、デパートに 行って 買いたく ありません。

② いいえ、 デパートに 行って 買いたく ないです。

(아니요, 백화점에 가서 사고 싶지 않습니다.)

(3) ① いいえ、7時に 起きて 電話を したく ありません。

② いいえ、7時に 起きて 電話を したく ないです。

(아니요, 7시에 일어나서 전화를 하고 싶지 않습니다.)

(4) ① いいえ、明日は 休んで 旅行に 行きたく ありません。

② いいえ、明日は 休んで 旅行に 行きたく ないです。

(아니요, 내일은 쉬고 여행을 가고 싶지 않습니다.)

(5) ① いいえ、休日は 料理を 作りたく ありません。

② いいえ、休日は 料理を 作りたく ないです。

(아니요, 휴일은 요리를 만들고 싶지 않습니다.)

6. (1) 1時間、休んで 下さい。(1시간 쉬세요.)

(2) ロビーに 行って 下さい 。(로비에 가 주세요.)

(3) あの人に 会って 下さい。(저 사람을 만나 주세요.)

(4) 明日、来て 下さい。(내일, 와 주세요.)

(5) 買物を して 下さい。(물건(쇼핑)을 사 주세요.)

7. は / は / は / に / に

8. (1) 매우 즐거웠습니다. ⇨ とても 楽しいでした。

(또는 とても 楽かったです。)

(2) 안 갔습니다. ⇨ 行きませんでした。

(또는 行かなかったです。)

(3) 꼭 갑시다. ⇨ ぜひ 行(い)きましょう。

(4) 매일 2시간 정도 운동을 합니다. ⇨ 毎日(まいにち)、2時間(にじかん)ぐらい 運動(うんどう)を します。

(5) 내일 와 주십시오. ⇨ 明日(あした)、来(き)て 下(くだ)さい。

(6) 일본인 친구와 번화가에 갔습니다.

⇨ 日本人(にほんじん)の友達(ともだち)と 繁華街(はんかがい)に 行(い)きました。

(7) 도서관에 가서 책을 빌리지 않았습니다.

⇨ 図書館(としょかん)に 行(い)って 本(ほん)を 借(か)りませんでした。

(또는 借りなかったです。)

(8) 아침 식사를 하지 않았습니다.⇨ 朝食(ちょうしょく)を しませんでした。

(또는 朝食を しなかったです。)

저/ 자/ 소/ 개

■ **윤 석 희(尹錫姬)**

- 일본, 산노(SANNO)대학교 경영학사
- 일본, 센슈(SENSHU)대학교 상학석사
- 일본, 센슈(SENSHU)대학교 상학박사
- 시립 인천대학교, 시립 인천전문대학, 을지대학교, 안산공과대학, 성공회대학교, 숭실대학교 외래교수
- 인덕대학교 겸임교수 역임
- 현) (주)디에이치에프 부사장
  한국항공대학교 외래교수

일본어회화 (오디오CD 포함)

2018년 3월 5일 초판 1쇄 인쇄
2018년 3월 10일 초판 1쇄 발행

저 자 윤석희
펴낸이 진욱상
펴낸곳 (주)백산출판사
교 정 편집부
본문디자인 오행복
표지디자인 오정은

저자와의 합의하에 인지첩부 생략

등 록 2017년 5월 29일 제406-2017-000058호
주 소 경기도 파주시 회동길 370(백산빌딩 3층)
전 화 02-914-1621(代)
팩 스 031-955-9911
이메일 edit@ibaeksan.kr
홈페이지 www.ibaeksan.kr

ISBN 979-11-88892-23-5
값 15,000원